# Les ordonnances

## La confusion des pouvoirs en droit public français

Anne-Marie LE POURHIET
*Professeur de droit public – Université Rennes 1*

# Les ordonnances

## La confusion des pouvoirs en droit public français



L.G.D.J
lextenso éditions

33, rue du Mail, 75081 Paris Cedex 02

ISBN : 978-2-275-03537-6

ISSN : 0897-9927

# SOMMAIRE

SIGLES ET ABRÉVIATIONS ..... IX

INTRODUCTION ..... 1

PREMIÈRE PARTIE
LES GOUVERNEMENTS PROVISOIRES ET TRANSITOIRES ..... 9

CHAPITRE 1 LES GOUVERNEMENTS PROVISOIRES (1940-1945) ..... 11

Section 1 **Le fondement du pouvoir législatif provisoire** ..... 11
§ 1. Le gouvernement de Vichy ..... 11
§ 2. Le gouvernement de la France libre ..... 16

Section 2 **Le régime juridique des actes législatifs** ..... 19

CHAPITRE 2 LE GOUVERNEMENT TRANSITOIRE DE LA V$^{e}$ RÉPUBLIQUE ..... 23

Section 1 **La mise en œuvre de l'article 92** ..... 24
§ 1. Le texte ..... 24
§ 2. L'usage ..... 25

Section 2 **Le régime juridique des ordonnances** ..... 28
§ 1. Les ordonnances ordinaires ..... 29
A. Le contrôle des tribunaux ordinaires ..... 29
B. L'intervention du Conseil constitutionnel ..... 33
§ 2. Les ordonnances organiques ..... 37

**DEUXIÈME PARTIE**
**LA DÉLÉGATION** ... 41

CHAPITRE PRÉLIMINAIRE — LES DÉLÉGATIONS LÉGISLATIVES SOUS LES RÉPUBLIQUES PRÉCÉDENTES ... 45

Section 1 — **La nature des règlements d'administration publique (RAP)** ... 45

Section 2 — **La constitutionnalité des lois-cadres et des lois de pouvoirs spéciaux** ... 47

CHAPITRE 1 — LE DOMAINE DE LA LOI ET DU RÈGLEMENT ... 53

Section 1 — **Le texte constitutionnel** ... 54

Section 2 — **La pratique politique** ... 54

Section 3 — **La jurisprudence du Conseil constitutionnel** ... 56
§ 1. Les sources du domaine législatif ... 57
§ 2. La décision *Blocage des prix* ... 58
§ 3. Le temps des regrets ... 61

CHAPITRE 2 — LES CONDITIONS DE LA DÉLÉGATION DE L'ARTICLE 38 ... 63

Section 1 — **L'initiative de la délégation** ... 63

Section 2 — **Le régime de l'habilitation** ... 65
§ 1. Les pouvoirs du parlement ... 65
A. Le rejet ... 65
B. L'amendement ... 69
§ 2. Le contrôle du Conseil constitutionnel ... 71
A. Le contrôle de l'étendue de la délégation ... 72
B. Les réserves d'interprétation ... 79

CHAPITRE 3 — LE RÉGIME CONTENTIEUX DE L'ORDONNANCE ... 89

Section 1 — **Avant la ratification** ... 89
§ 1. Le régime ... 89
§ 2. Les normes de référence ... 92
A. Les principes généraux du droit ... 92
B. Les normes constitutionnelles ... 94
C. Les normes conventionnelles ... 95

Section 2 — **Après la ratification** ... 97
§ 1. La ratification parlementaire ... 98

§ 2. Le contrôle du Conseil constitutionnel sur la loi de ratification ........ 100
§ 3. Le contrôle *a posteriori* de l'ordonnance ratifiée ........ 101
§ 4. La modification des ordonnances ........ 103

CHAPITRE 4 LES ORDONNANCES DE L'ARTICLE 74-1 ........ 107

**TROISIÈME PARTIE**
**LES POUVOIRS D'URGENCE** ........ 111

CHAPITRE 1 LA JURISPRUDENCE DES CIRCONSTANCES EXCEPTIONNELLES ........ 113

Section 1 **Les notions de nécessité et d'urgence** ........ 114

Section 2 **Le contrôle du juge** ........ 116

CHAPITRE 2 L'ARTICLE 16 DE LA CONSTITUTION DE 1958 ........ 119

Section 1 **Les conditions de mise en œuvre et le contrôle *a priori*** ........ 121
§ 1. Les conditions ........ 121
§ 2. Le contrôle *a priori* ........ 123

Section 2 **Le contrôle *a posteriori*** ........ 123
§ 1. Le contrôle parlementaire ........ 123
§ 2. Le contrôle juridictionnel ........ 124

CHAPITRE 3 L'URGENCE FINANCIÈRE ........ 129

CONCLUSION ........ 131

**QUATRIÈME PARTIE**
**LA SUBSTITUTION D'ACTION** ........ 133

CHAPITRE 1 LES ARTICLES 47 ET 47-1 DE LA CONSTITUTION 135

Section 1 **Les conditions d'application** ........ 135
§ 1. L'absence de vote ........ 136
§ 2. L'imputabilité du retard au parlement ........ 136
§ 3. L'expiration du délai ........ 138
§ 4. L'opportunité de la substitution ........ 139

Section 2 **Le régime juridique des ordonnances** ........................ 140
§ 1. La contestabilité de l'ordonnance ........................ 141
§ 2. L'étendue du contrôle ........................ 143

CHAPITRE 2 LA CARENCE DU LÉGISLATEUR ........................ 145

Section 1 **Le fondement de la substitution** ........................ 147
§ 1. Une compétence liée ........................ 147
§ 2. Une compétence négligée ........................ 148

Section 2 **Les titulaires du pouvoir de substitution** ........................ 150

**Section 3** **Le rôle du juge** ........................ 152

CONCLUSION ........................ 161

BIBLIOGRAPHIE ........................ 165

INDEX ........................ 171

# SIGLES ET ABRÉVIATIONS

AFDC : Association française de droit constitutionnel

*AIJC* : *Annuaire international de justice constitutionnelle*

*AJDA* : *Actualité juridique de droit administratif*

AN : Assemblée nationale

CE : Conseil d'État

CE ass. : Conseil d'État, arrêt d'assemblée

Cass. : Cour de cassation

Cass. crim./civ. : Cour de cassation, chambre criminelle/chambre civile

Cons. const. : Conseil constitutionnel

CJCE : Cour de justice des communautés européennes (jusqu'au 1er décembre 2009)

CJUE : Cour de justice de l'Union européenne (depuis le 1er décembre 2009)

CEDH : Cour européenne des droits de l'homme

chron. : chronique

concl. : conclusions

coll. : collectif

dir. : sous la direction de

*D.* : *Recueil Dalloz*

DPS : Documents pour servir à l'histoire de l'élaboration de la Constitution du 4 octobre 1958

éd. : édition

EDCE : Études et documents du Conseil d'État

*GAJA* : *Grands arrêts de la jurisprudence administrative*

*GACEDH* : *Grands arrêts de la Cour européenne des droits de l'homme*

*GDCC* : *Grandes décisions du Conseil constitutionnel*
*GACS* : *Grands arrêts de la Cour suprême des États-Unis*
*JCP* : *Jurisclasseur périodique*
*JO* : *Journal officiel*
L. org. : Loi organique
*LPA* : *Les Petites Affiches*
*Rec.* : *Recueil des décisions*
*RDP* : *Revue du droit public et de la science politique*
*RFDA* : *Revue française de droit administratif*
*RFD const.* : *Revue française de droit constitutionnel*
*RF sc. pol.* : *Revue française de science politique*
*RID comp.* : *Revue internationale de droit comparé*
*Rev. pol. et parl.* : *Revue politique et parlementaire*
*S.* : *Sirey*
vol. : volume

# INTRODUCTION

Juristes et politistes s'accordent pour constater, depuis le début du siècle, un renforcement très net de l'exécutif dans tous les régimes politiques.

Ce renforcement emprunte plusieurs formes. Le premier est le développement des pouvoirs autonomes de l'exécutif en matière réglementaire, diplomatique, de défense et de tous les aspects de la vie politique et sociale. Le second est l'accroissement des interventions de l'exécutif dans l'initiative et la procédure d'élaboration des lois et ceci, quelle que soit la nature de la séparation des pouvoirs retenue par la constitution, qu'il s'agisse de régimes parlementaires où le gouvernement dispose de moyens de pression ou de prérogatives lui permettant de maîtriser le travail législatif (vote bloqué et article 49§3 en France, *guillotine* et *kangourou* en Grande-Bretagne, état de crise législative en Allemagne) ou de régimes présidentiels (le président américain, bien qu'officiellement privé d'initiative législative, est pourtant surnommé le *chief-legislator).*

Toutes les démocraties ont vu la conception des pouvoirs évoluer sensiblement : l'exécutif décide et agit sous le contrôle d'un parlement d'autant plus enclin à le soutenir que « l'opinion publique » lui est favorable. Seule l'opposition parlementaire proteste mais elle ne peut empêcher ni même infléchir substantiellement les choix de l'exécutif.

Mais ce renforcement peut prendre une forme plus radicale encore consistant en une substitution pure et simple des autorités exécutives au parlement dans l'exercice même du pouvoir législatif, réalisant alors une confusion ouverte des pouvoirs. Là aussi, l'on constate partout la généralisation de procédés permettant à l'exécutif de légiférer directement. Ces procédés sont généralement examinés avec circonspection et inquiétude pour deux raisons essentielles. D'une part, ils mettent à mal le sacro-saint principe de la séparation des pouvoirs puisqu'en concentrant ceux-ci dans les mains de l'exécutif ils éliminent le contre-pouvoir décrit par Montesquieu et réalisent une confusion des pouvoirs, une sorte de « dictature » provisoire. D'autre part, ils écartent la compétence d'assemblées représentatives et délibératives, ainsi que des procédures de réflexion longues, contradictoires et constructives au profit d'une compétence gouvernementale concentrée et de procédures plus rapides et hiérarchisées qui ne présentent pas les mêmes garanties pour les libertés que les procédures parlementaires. La loi, expression de la volonté générale chez Rousseau, ou compromis des volontés monarchique, aristocratique et démocratique chez Montesquieu, devient ici l'œuvre d'un homme ou d'une oligarchie, donc d'une volonté rétrécie. D'ailleurs, on ne lui donnera généralement pas, dans un tel cas, le nom de loi, préférant choisir une terminologie indiquant et avertissant que la norme en cause n'a pas été adoptée par le parlement (décret-loi, décret législatif, décision, ordonnance, etc.).

Il peut paraître paradoxal que, dotés des pouvoirs énormes dont ils disposent actuellement, notamment dans l'initiative des lois, les exécutifs puissent encore, réclamant toujours plus, demander à être parfois franchement investis du pouvoir de légiférer directement. À des époques où les exécutifs se trouvaient bien moins dotés en moyens d'intervention qu'aujourd'hui, l'idée d'une substitution pure et simple au parlement dans l'adoption des lois paraissait cependant incongrue et iconoclaste. Il fallait alors développer des trésors d'ingéniosité juridique et des raisonnements acrobatiques pour réussir à fonder et à justifier de telles incartades.

Aujourd'hui ces contorsions ne sont plus nécessaires. Constitutions écrites, conventions constitutionnelles et jurisprudence admettent directement et sans fard, comme un phénomène naturel et ordinaire, les substitutions des autorités exécutives aux organes législatifs, dépossédant momentanément ceux-ci de la compétence qui leur reste.

Il convient d'examiner les raisons de ce phénomène. Pourquoi ce degré supplémentaire dans l'entorse à la séparation des pouvoirs ? Quelles sont les explications et justifications de ces transferts de compétence ?

Plusieurs raisons apparaissent, tantôt isolées, tantôt combinées, dans le recours à de tels procédés. Certains sont liés à un facteur temporel, c'est l'urgence qui fonde alors la substitution, d'autres sont liés à un facteur matériel, c'est l'efficacité et la qualité normative qui sont alors invoquées. Il convient aussi d'aborder le cas, plus rare, des intermèdes institutionnels.

## § 1. L'URGENCE ET LA CONTINUITÉ

La première raison invocable pour justifier l'intrusion de l'exécutif dans le domaine législatif est évidemment la nécessité d'agir vite. Mais cette nécessité se subdivise elle-même en deux conceptions : la nécessité objective, vérifiable, correspondant à des situations évidentes d'urgence, et la nécessité subjective, correspondant cette fois à l'appréciation du gouvernement, à l'opportunité politique pour lui d'aller vite.

Dans le premier cas, l'action politique se heurte à des crises conjoncturelles (crise intérieure ou étrangère) ou à des délais butoirs qui imposent objectivement de court-circuiter les procédures parlementaires longues et délibératives, trop lentes pour les circonstances. La nécessité d'assurer la continuité du service public, des pouvoirs publics ou même de l'État plus généralement, justifie alors le transfert de compétence.

Dans le second cas, il n'est pas objectivement ni évidemment nécessaire de légiférer vite, mais c'est l'exécutif qui considère qu'il a intérêt à le faire parce qu'il souhaite réaliser au plus vite telle ou telle partie de son programme, pour des raisons économiques ou sociales, pour affronter une échéance électorale ou sous la pression de l'opinion et des médias. Ici l'appréciation et les motivations sont subjectives, c'est le gouvernement qui juge nécessaire d'aller vite.

Cette première préoccupation d'ordre temporel se trouve parfois isolée parfois cumulée avec la seconde justification qui est celle de l'efficacité normative où le facteur matériel et l'enjeu qualitatif sont déterminants.

## § 2. L'EFFICACITÉ NORMATIVE

La prise en compte de la qualité du travail normatif peut, là encore, revêtir plusieurs aspects relevant de l'efficacité politique subjective, de l'efficacité technique objective ou même du constat de carence.

En premier lieu, face à une réserve voire un risque de fronde des parlementaires sur un projet de loi ou plusieurs, les moyens de pression d'un gouvernement trouvent parfois leurs limites et, de surcroît, leur utilisation systématique peut aboutir à braquer non seulement les parlementaires, mais aussi l'opinion publique alertée par des procédés brutaux et autoritaires. Dans ces conditions, le gouvernement qui tient à un projet et souhaite qu'il soit adopté sans être dénaturé par des amendements parlementaires, ni trop exposé sur la place publique ou soumis au juge constitutionnel peut être tenté de préférer demander l'autorisation de légiférer lui-même. Il lui semblera plus facile de défendre les principes généraux de sa réforme, lors du débat d'habilitation, que de devoir se battre, article par article, voire alinéa par alinéa, dans un débat législatif ordinaire. Ici, c'est donc l'efficacité politique, subjective qui est recherchée, c'est-à-dire la possibilité pour le gouvernement de traduire directement et librement ses choix politiques en termes législatifs.

En second lieu, le désir de l'exécutif de « griller » la compétence et la procédure parlementaires vient parfois moins de la volonté d'éviter les oppositions ou les censures que de l'inadaptation, objective cette fois, de la compétence parlementaire à la situation. Face à certaines revendications économiques ou sociales aiguës il peut être difficile de répondre par un projet de loi dont les intéressés ne sont pas certains de l'aboutissement et dont l'élaboration risque d'être lente et rigide. Le gouvernement peut se sentir mieux à même de négocier directement avec les différents partenaires et de traduire rapidement et intégralement le fruit de ces négociations en termes normatifs. Parfois aussi, c'est la technicité et la finesse du travail normatif à effectuer qui s'accommodent mal de la méthode parlementaire. Par exemple, quand il s'agit, à la demande d'une collectivité d'outre-mer d'appliquer et adapter à ce territoire des pans entiers de la législation nationale, ce qui demande un travail juridique pointu et technique accompagné de consultations répétitives de l'assemblée territoriale. Les parlementaires ne se passionnent pas pour ce type de législation qu'ils préfèrent déléguer au gouvernement. On verra d'ailleurs plus loin que le titre XII de la Constitution française actuelle, tel qu'issu de la révision de 2003, contient une habilitation permanente à légiférer par ordonnance sur les collectivités relevant de l'article 74. La codification ou la simplification du droit existant ou la transposition en droit interne de directives européennes sont aussi les domaines de prédilection de la législation directe par l'exécutif.

Enfin, on sait que la loi est en principe faite pour durer et qu'elle peut donc se révéler inadaptée pour des solutions conjoncturelles qui doivent être souples et éphémères. Ici aussi le transfert de compétence législative au gouvernement peut faire l'objet d'un consensus : les parlementaires eux-mêmes reconnaissent qu'ils ne sont pas outillés pour le traitement du conjoncturel. Ici, ce n'est pas l'efficacité politique mais plus objectivement l'efficacité juridique, technique, qui est recherchée.

Mais on n'est pas non plus obligé d'aller jusqu'au dessaisissement pur et simple du parlement que l'on peut aussi mettre devant le fait ou le droit accompli. En particulier, le recours aux méthodes de négociation de type contractuel conduit de plus en plus souvent le gouvernement à demander au parlement l'approbation et la consécration par voie législative de ce qu'il a négocié lui-même. Dans le cas de beaucoup de directives européennes, la compétence du législateur national est ainsi complètement ligotée. Certains « accords » négociés entre le gouvernement central et des représentants de partis locaux (accords de Nouméa pour la Nouvelle-Calédonie, de Matignon pour la Corse, par exemple) ont été publiés au *Journal officiel* avant même la délibération en Conseil des ministres et le dépôt du projet de loi devant le parlement. Celui-ci se trouve donc dans l'impossibilité d'amender l'accord intervenu, il ne peut qu'accepter ou rejeter en bloc ces accords. Dans tous ces domaines on peut être effectivement tenté d'aller au bout du dessaisissement en laissant l'exécutif tirer les conclusions d'un pouvoir qui semble échapper totalement à la représentation nationale.

– En troisième lieu, l'efficacité peut encore servir de fondement à de tels transferts du pouvoir législatif aux autorités exécutives quand on atteint un degré supplémentaire d'inefficacité parlementaire : la carence, tout simplement. Lorsque le législateur habituel ne remplit pas les obligations que lui imposent la constitution ou l'exigence sociale et qu'il n'exerce donc pas sa compétence normative. Mais attention cependant, il convient ici de nuancer l'appréciation et la responsabilité de cette carence. Le gouvernement est aujourd'hui, on l'a dit, le principal initiateur des lois de telle sorte que si une compétence législative n'est pas exercée et que l'on se heurte à une absence de loi dans un domaine, la responsabilité en revient tout autant sinon plus au gouvernement qu'au parlement. Dans les hypothèses où soit le parlement se sera révélé incapable (par enlisement, désaccord, obstruction, etc.) d'adopter les mesures nécessaires, soit le gouvernement et les parlementaires auront négligé ou refusé de prendre une initiative législative (sur un sujet délicat ou impopulaire, par exemple), des procédés de substitution proches dans leur principe de ceux qui existent dans le contrôle administratif, peuvent permettre au gouvernement de se substituer au législateur défaillant. Ces procédés peuvent être prévus à l'avance par la constitution, qui institue ainsi une sanction de la carence parlementaire, mais ils peuvent aussi être exercés spontanément par le gouvernement ou l'administration avec la bénédiction du juge qui valide après coup ces dérogations aux règles normales de compétence.

Ainsi donc l'urgence, objective ou subjective, et l'efficacité, absolue ou relative, sont à l'origine des cas d'exercice du pouvoir législatif par les autorités exécutives.

Il s'agit toujours de dérogations à l'ordre normal des compétences établi par la constitution, c'est-à-dire qu'à l'intérieur d'un ordre de compétences établi, l'exécutif va être habilité à exercer temporairement une compétence qui ne lui appartient pas normalement. Il s'agit donc d'une compétence législative exceptionnelle, dérogatoire à l'ordre établi.

## § 3. LES INTERMÈDES INSTITUTIONNELS

Aux hypothèses courantes qui retiendront essentiellement cette étude puisqu'elles sont susceptibles de se produire plus ou moins fréquemment, il convient d'en ajouter deux autres, plus rares, correspondant soit à la disparition de l'ordre constitutionnel établi, soit à la transition entre deux ordres constitutionnels successifs.

Lorsqu'à la suite d'une crise (révolution, guerre civile, indépendance ou guerre étrangère) ayant mis par terre un régime politique et la constitution qui le fondait, il n'y a plus, dans un État donné, d'ordre constitutionnel et qu'il va falloir précisément en élaborer un nouveau, le pouvoir se trouve *de facto* entre les mains d'un homme ou d'un groupe d'hommes se donnant pour mission de mener la crise à son terme et de doter le pays de nouvelles institutions. Il s'agit de gouvernements de fait provisoires qui monopolisent pour un temps les pouvoirs législatif et exécutif.

De ces gouvernements provisoires il faut distinguer ce que l'on peut appeler les gouvernements transitoires qui correspondent à une hypothèse différente de la précédente. Ici, un nouvel ordre constitutionnel vient de se substituer au précédent, la constitution nouvelle est promulguée. Cependant, les nouvelles institutions et notamment le parlement, ne peuvent être mises en place en un jour puisqu'il faut adopter le mode de scrutin, procéder aux élections, élaborer le règlement des assemblées, etc. La constitution peut donc prévoir elle-même, dans ses dispositions transitoires, généralement placées à la fin du texte, qu'en attendant l'installation des nouvelles assemblées le gouvernement exercera momentanément le pouvoir législatif dans les conditions qu'elle fixe. Ici, contrairement à l'hypothèse précédente, il existe bien un ordre juridique, constitutionnel, mais c'est un ordre transitoire, situé entre l'ancien et le nouveau, qui confère donc temporairement un pouvoir législatif au gouvernement. Alors que dans le cas précédent l'exercice directorial du pouvoir législatif ne repose que sur le fait, dans le second cas il repose sur le droit mais sur un droit transitoire de caractère exceptionnel et temporaire. Il n'y a donc pas à proprement parler de dérogation à l'ordre normal des compétences puisque celui-ci n'est pas encore entièrement en vigueur, il y a seulement un ordre de compétences particulier et transitoire destiné à s'effacer au profit d'un nouvel ordre définitif. Ce sont tout à la fois les idées de continuité, d'urgence et d'efficacité qui fondent ce dépôt temporaire du pouvoir législatif dans les mains de l'exécutif.

Les régimes politiques français contemporains offrent précisément à l'observateur toute la gamme de ces transferts exceptionnels du pouvoir législatif aux autorités exécutives et offrent un échantillonnage particulièrement riche et dense en la matière.

Cette densité a trois origines principales. L'ombre du général de Gaulle, tout d'abord, est évidemment très présente sur certains de ces procédés, notamment les ordonnances du gouvernement provisoire de la France libre, les ordonnances transitoires de l'article 92 de la Constitution de 1958, les décisions de l'article 16 mais aussi les ordonnances référendaires de 1962. La terminologie utilisée elle-même, c'est-à-dire le terme d'ordonnance, est typiquement gaullienne. La rationalisation parlementaire est la seconde origine de ces procédés et rejoint évidemment la première puisque c'est sous la V^e^ République qu'elle a trouvé son point culminant. Les ordonnances de l'article 38 succèdent aux décrets-lois des Républiques précédentes, tandis que les ordonnances financières doivent remédier au retard chronique du vote du budget qui s'était manifesté sous la IV^e^ République. Enfin, la troisième origine et non la moindre réside tout simplement dans la jurisprudence, essentiellement du Conseil d'État, qui n'a pas attendu les textes constitutionnels pour développer des interprétations audacieuses permettant au gouvernement d'intervenir dans le domaine législatif, soit en période de crise ou de circonstances exceptionnelles, soit en cas de carence du législateur. Le Conseil constitutionnel a ensuite validé certaines de ces interprétations.

Cet ouvrage abordera donc successivement ces différents types d'exercice dérogatoire du pouvoir législatif par les autorités exécutives :

Première partie : Les gouvernements provisoires et transitoires (Vichy et la France libre)

Deuxième partie : La délégation (article 38 ; article 74-1)

Troisième partie : L'urgence (circonstances exceptionnelles ; article 16 ; urgence financière)

Quatrième partie : La substitution d'action (articles 47 et 47-1 ; carence du législateur)

# PREMIÈRE PARTIE
# LES GOUVERNEMENTS PROVISOIRES ET TRANSITOIRES

Malgré la quasi-similitude des termes, les notions de gouvernement provisoire et de gouvernement transitoire doivent être soigneusement distinguées.

Les premiers sont hors-la-loi constitutionnelle, ce sont des gouvernements de fait en ce sens que même si leur institution repose apparemment sur des textes fondateurs ceux-ci n'ont eux-mêmes aucun fondement constitutionnel.

Les seconds, en revanche, sont organisés et prévus par les dispositions constitutionnelles transitoires, ce sont donc des gouvernements de droit.

L'histoire française contemporaine contient deux illustrations particulièrement marquantes de ces deux types de confusion temporaire des pouvoirs. Le régime de Vichy et le gouvernement de la France libre constituent deux gouvernements provisoires parallèles tandis que le titre XV de la Constitution de 1958 confiait un pouvoir législatif transitoire au dernier gouvernement de la IV$^{e}$ République et au premier de la V$^{e}$.

Si ces expériences n'ont plus aujourd'hui qu'un intérêt historique l'œuvre normative ainsi réalisée a conservé une grande importance : tandis que la législation de Vichy a été largement effacée par une ordonnance de la libération, des textes importants issus de cette dernière période 1944-1945 sont encore en vigueur tandis qu'une bonne partie des ordonnances de la période 1958-1959 et notamment les ordonnances organiques sont toujours d'actualité.

# CHAPITRE 1
# LES GOUVERNEMENTS PROVISOIRES (1940-1945)

Beaucoup décrite et étudiée sous l'angle historique et factuel (politique, diplomatique, militaire, sociologique, philosophique) la seconde guerre mondiale l'a moins été sous l'angle juridique alors qu'elle a pourtant été d'une richesse incomparable sur ce point puisque deux gouvernements à l'identité difficile ont fonctionné parallèlement durant quatre ans : celui de Vichy et celui de la France libre, cumulant chacun l'intégralité des pouvoirs.

On étudiera successivement comme pour tous les autres cas d'exercice du pouvoir législatif par l'exécutif, les fondements de ce pouvoir législatif provisoire et le régime contentieux des actes ainsi adoptés.

## Section 1 Le fondement du pouvoir législatif provisoire

Deux histoires juridiques parallèles se déroulent donc à partir de 1940 et vont s'entrechoquer en 1944. Celle de Vichy se désagrège progressivement tandis que celle de Londres puis d'Alger se consolide et s'institutionnalise au contraire.

### § 1. LE GOUVERNEMENT DE VICHY

Au *Journal officiel de la République française* du 11 juillet 1940 est publiée une « loi constitutionnelle » en date du 10 juillet votée par l'Assemblée nationale (c'est-à-dire le Sénat et la Chambre des députés réunis) par 569 voix contre 80, signée par le président de la République Albert Lebrun et le président du Conseil Philippe Pétain. Cette loi comporte un article unique ainsi rédigé :

« *L'Assemblée nationale donne tous pouvoirs au gouvernement de la République, sous l'autorité et la signature du maréchal Pétain, à l'effet de promulguer par un ou plusieurs actes une nouvelle constitution de l'État français qui devra garantir les droits du travail, de la famille et de la patrie, sera ratifiée par la Nation et appliquées par les assemblées qu'elle aura créées* ». Il va de soi que le texte ainsi adopté se trouve « hors-la-constitution » puisqu'il écarte l'article 8 de la loi constitutionnelle du 25 février 1875 relative à l'organisation des pouvoirs publics qui faisait partie des trois lois constitutionnelles instituant la III^e^ République. Cet article 8 disposait : « *Les chambres auront le droit, par délibérations séparées prises à la majorité des voix, soit spontanément, soit à la demande du président de la République, de déclarer qu'il y a lieu de réviser les lois constitutionnelles. Après que chacune des deux chambres aura pris cette résolution, elles se réuniront en Assemblée nationale pour procéder à la révision. Les délibérations portant révision des lois constitutionnelles, en tout ou partie, devront être prises à la majorité des membres composant l'Assemblée nationale. La forme républicaine du gouvernement ne peut faire l'objet d'une proposition de révision. Les membres des familles ayant régné sur la France sont inéligibles à la présidence de la République* »[1].

L'un des arguments majeurs développés contre la loi du 10 juillet 1940 et pour contester la légitimité du gouvernement de Vichy consistait à affirmer qu'elle était inconstitutionnelle puisque contraire à l'article 8 précité relatif à la révision des lois fondatrices de la III^e^ République.

Cette argumentation est sans doute plus politique, morale et symbolique que strictement juridique. S'il est évident que la loi du 10 juillet 1940 ne respecte pas la procédure de révision des lois constitutionnelles de 1875, cela ne la rend pas invalide ou inexistante pour autant. On peut tout au plus constater qu'elle est juridiquement inutile. Il ne s'agit pas ici, en effet, de réviser la constitution existante mais comme l'indique très clairement la loi de 1940 de préparer « une nouvelle constitution ». Ce n'est donc pas le pouvoir constituant dérivé qui est en œuvre mais le pouvoir constituant originaire. Or, celui-ci ne trouve pas sa source dans la constitution existante qu'il n'a donc pas à respecter, il est hors du droit positif, initial et inconditionné. Pour renverser un régime et lui en substituer un autre

1. Les deux dernières phrases ont été rajoutées par la loi constitutionnelle du 14 août 1884 portant révision partielle des lois constitutionnelles.

il n'est nul besoin juridique de s'appuyer sur la constitution du régime antérieur. Nul ne conteste la légalité des constitutions de l'an VIII et de 1852 alors qu'elles ont pourtant été précédées de coups d'État renversant le régime précédent. Le maréchal Pétain n'avait pas, en droit, besoin d'un vote de l'Assemblée nationale pour prendre les pleins pouvoirs, il lui aurait suffi de s'autoproclamer chef de l'État français provisoirement titulaire de tous les pouvoirs. La loi du 10 juillet n'est nécessaire que pour lui apporter une caution politique, un semblant de légitimité démocratique, mais sûrement pas un fondement juridique. Les coups d'État n'ont guère besoin de base constitutionnelle, la force se passe du droit.

Dix-huit années plus tard l'avènement de la Ve République n'aura pas non plus besoin, en droit, de la loi constitutionnelle du 3 juin 1958 affirmant déroger à l'article 90 de la Constitution de 1946 pour réviser celle-ci. Chacun sait bien qu'il ne s'agissait pas de réviser le régime de la IVe République mais d'instaurer une Ve République et donc d'élaborer une nouvelle constitution. Le pouvoir constituant originaire de 1958 ne nécessitait pas non plus, juridiquement, de rattachement au régime antérieur. Ce lien apparent est seulement destiné à doter les constituants d'une caution politique et démocratique et à fournir à leur œuvre future une continuité historique.

Quoi qu'il en soit le pouvoir constituant ainsi reconnu au maréchal Pétain est pour le moins ambigu. Il est d'abord confié au « gouvernement de la République à l'effet de promulguer une nouvelle constitution de l'État français ». On peut donc *a priori* penser que l'on reste en régime républicain et que l'expression « État français », côtoyant celle de République, désigne simplement et techniquement la personne morale étatique mais la rédaction est douteuse. Ensuite, le gouvernement est investi du pouvoir de promulguer un texte dont la loi ajoute seulement plus loin qu'elle sera ratifiée par la nation. Il semble donc que la promulgation doive, contrairement à la logique habituelle, précéder la ratification nationale dont on ne sait de surcroît quelle forme, parlementaire ou référendaire, elle devra revêtir. C'est, en tout état de cause, une décision dictatoriale qui mettra initialement la constitution en vigueur. Toute procédure démocratique est donc écartée dans un premier temps. L'idée est sans doute qu'il est impossible d'organiser des élections ou un référendum dans un pays occupé et c'est à ce prétexte que tentera de remédier plus tard l'article 89 de la Constitution de 1958 en posant qu'« aucune procédure de révision ne peut être engagée ou poursuivie lorsqu'il est porté atteinte à l'intégrité du territoire ».

Si la loi constitutionnelle est ambiguë, la suite l'est en revanche beaucoup moins et il apparaît immédiatement que le maréchal Pétain s'arroge un pouvoir dictatorial en s'écartant ouvertement des termes de la loi du 10 juillet.

En effet, le même jour, le président Lebrun prononce la clôture de la session du parlement qui avait été réunie à la seule fin du vote des pleins pouvoirs et le 12 juillet sont publiés les trois premiers actes constitutionnels.

L'acte constitutionnel n° 1 dispose : « *Nous, Philippe Pétain, maréchal de France, vu la loi constitutionnelle du 10 juillet 1940, déclarons assumer les fonctions de chef de l'État français et décrétons : l'article 2 de la loi du 25 février 1875 est abrogé* ». Il s'agit bien sûr de la disposition issue de l'amendement Wallon indiquant que « *le président de la République est élu à la majorité absolue des suffrages par le Sénat et la Chambre des députés réunis en Assemblée nationale* ».

L'acte constitutionnel n° 2 dispose ensuite : « *Nous, maréchal de France, chef de l'État français, vu la loi constitutionnelle du 10 juillet 1940, décrétons :*

*– article 1 : Le chef de l'État français a la plénitude du pouvoir gouvernemental, il nomme et révoque les ministres et secrétaires d'État qui ne sont responsables que devant lui. Il exerce le pouvoir législatif en Conseil des ministres jusqu'à la formation des nouvelles assemblées et, après, cette formation, en cas de tension extérieure ou de crise intérieure grave sur sa seule décision et dans la même forme. Dans les mêmes circonstances il peut édicter toutes dispositions d'ordre budgétaire et fiscal. Il promulgue les lois et assure leur exécution (...)*

*– article 2 : Sont abrogées toutes les dispositions des lois constitutionnelles de 1875 incompatibles avec le présent acte* ».

Enfin, l'acte constitutionnel n° 3, rédigé de la même façon, indique que le parlement « subsiste » jusqu'à ce que soient formées les assemblées prévues par la loi constitutionnelle du 10 juillet mais qu'il est « ajourné » jusqu'à nouvel ordre et ne pourra désormais se réunir que sur convocation du chef de l'État.

Plus tard, l'acte constitutionnel n° 12 du 17 novembre 1942 consacrera la débâcle et la substitution de Pierre Laval à Philippe Pétain en affirmant dans son article unique : « *Hors les lois constitutionnelles, le chef du gouvernement pourra, sous sa seule signature, promulguer les lois et les décrets* ». Cette fois le « hors les lois » est affirmé, il n'y a même plus de préoccupation de style.

Il est donc tout à fait clair que l'on est en présence d'un gouvernement de fait puisque non seulement la loi du 10 juillet 1940 déroge d'emblée aux lois constitutionnelles de 1875 mais, de plus, le maréchal Pétain ne respecte même pas les termes de cette loi. En effet, le pouvoir constituant était délégué par la loi du 10 juillet au « gouvernement de la République », sous l'autorité et la signature du maréchal, mais pas à quelconque « chef de l'État français ». En outre, loin de se borner à préparer une nouvelle constitution, le maréchal, seul, organise les institutions provisoires, abroge les dispositions constitutionnelles en vigueur et se permet même de porter atteinte à la forme républicaine du gouvernement en substituant une expression ambiguë d'État français à celle de République française, contrairement, toujours, à l'article 8 de la loi constitutionnelle du 25 février 1875, dans sa rédaction issue de la révision du 14 août 1884, indiquant que « la forme républicaine du gouvernement ne peut faire l'objet d'une proposition de révision ». Effectivement le *Journal officiel de la République française* devient, à partir du 4 janvier 1941, le *Journal officiel de l'État français.*

Il est bien évident que la loi du 10 juillet 1940 était destinée à donner un minimum d'allure démocratique et de légitimité politique à un coup d'État mais certainement pas une régularité juridique. De ce point de vue, les dispositions de l'acte constitutionnel n° 2 abrogeant des dispositions constitutionnelles de 1875 sont parfaitement superfétatoires : un nouveau régime n'a nul besoin de déclarer abroger le précédent. La Constitution de 1958 ne déclare pas abroger celle de 1946.

C'est donc une continuité constitutionnelle de pure façade qui sert ainsi de décor à un coup d'État.

À partir de là les actes législatifs qui sont pris par le maréchal Pétain portent le titre de loi et sont ainsi rédigés : « *Nous, maréchal de France, chef de l'État français, le Conseil des ministres entendu, décrétons : (dispositif). Le présent décret sera publié au* Journal officiel *et exécuté comme loi de l'État* ». Suivent la signature du maréchal et les contreseings des ministres.

## § 2. LE GOUVERNEMENT DE LA FRANCE LIBRE

Le général de Gaulle, dirigeant la résistance à partir de Londres, va instituer progressivement un autre gouvernement de fait parallèle dans un processus que l'on peut découper en six étapes majeures.

Dans un manifeste du 27 octobre 1940, le général déclare à Brazzaville, qu'il n'existe plus de gouvernement proprement français : « *En effet, l'organisme sis à Vichy et qui prétend porter ce nom est inconstitutionnel et soumis à l'envahisseur (...). Il faut donc qu'un pouvoir nouveau assume la charge de diriger l'effort français dans la guerre. Les événements m'imposent ce devoir sacré. Je n'y faillirai pas. J'exercerai mes pouvoirs au nom de la France et uniquement pour la défendre et rendrai compte de mes actes aux représentants du peuple français dès qu'il aura été possible d'en désigner librement* ».

Le même jour, il prend l'ordonnance n° 1 organisant les pouvoirs publics pendant la guerre et instituant le Conseil de Défense de l'Empire, organisme consultatif placé aux côtés du chef des Français libres dont les décisions sont arrêtées sous forme d'ordonnances ayant « suivant leur contenu, force de loi ou de décret ». Ces ordonnances sont « promulguées » (en réalité publiées) au *Journal officiel de l'Empire* et, provisoirement, au *Journal officiel de l'Afrique équatoriale française*. L'article 7 de l'ordonnance dispose : « Toutes dispositions contraires à la présente ordonnance sont abrogées ».

Les termes du manifeste seront repris et complétés par une « déclaration organique » du 16 novembre 1940 très soigneusement motivée, s'attachant à démontrer l'inconstitutionnalité de la loi du 10 juillet 1940 et du régime qui en est issu.

Le 12 novembre 1940 le général prend l'ordonnance n° 5 modifiant l'ordonnance n° 1 et précisant que les décisions du chef des Français libres sont arrêtées « *sous forme d'ordonnances quand elles ont force de loi et de décrets quand elles ont force d'acte de réglementation et d'exécution* ». Ces termes sont des barbarismes qui ne veulent rien dire mais l'expertise juridique manque en l'occurrence et l'on sent des hésitations terminologiques très nettes dans les formules employées.

Une ordonnance n° 16 du 24 septembre 1941 portant organisation nouvelle des pouvoirs publics de la France libre, toujours prise par de Gaulle au nom du Peuple et de l'Empire français, institue un embryon de gouvernement nommé Comité national, constitué de commissaires nommés par décret et présidé par de Gaulle. Désormais les ordonnances seront délibérées en Comité national, signées par le chef des Français libres, président du Comité, et contresignées par les commissaires. Il est prévu qu'elles seront obligatoirement et dès que possible soumises à la ratification de la représentation nationale. Les décrets adoptés par le président du Comité national seront pris sur proposition ou rapport des commissaires et également contresignés par eux. Les traités et conventions internationales normalement soumis à l'approbation du parlement seront aussi ratifiés par ordonnance. Chaque commissaire exerce donc les compétences d'un ministre. L'article 9 de l'ordonnance ajoute qu'il sera pourvu ultérieurement à la constitution d'une assemblée consultative destinée à fournir au Comité national une expression aussi large que possible de l'opinion nationale.

En mai 1943, le général de Gaulle quitte Londres pour Alger muni d'une ordonnance du Comité national datée du 26 mai et prise sur rapport de René Cassin, commissaire à la justice et à l'instruction publique, lui donnant pouvoir de réorganiser les pouvoirs publics par ordonnances délibérées et contresignées par les seuls commissaires qui l'accompagnent à Alger. Quatre étapes se succèdent alors.

Le 3 juin 1943 est adoptée Alger par les généraux de Gaulle et Giraud, l'ordonnance instituant le Comité français de libération nationale (CFLN) destiné à céder ses pouvoirs, dès que possible, à un gouvernement provisoire. Ce comité alternativement présidé par de Gaulle et Giraud « prend des ordonnances dans toutes les matières qui sous la République ou antérieurement, ont été l'objet d'une loi ou d'un acte ayant valeur d'une loi et prend des décrets en exécution d'une loi ou d'une ordonnance ». Ces actes sont signés par les deux présidents et contresignés par les commissaires intéressés. À partir de là l'on commence à apercevoir quelques changements. Les ordonnances ne sont plus libellées « Le général de Gaulle, chef de la France libre, président du Comité, etc. », mais « Le Comité français de libération nationale ordonne... », suivent les signatures des deux généraux et les contreseings des commissaires. On assiste donc à une certaine démocratisation de l'exercice du pouvoir puisque c'est désormais le Comité qui décide collégialement. En outre, les actes ne sont plus publiés au Journal officiel de la France combattante (qui avait lui même succédé le 28 août 1942 au *Journal officiel de la France libre*) mais au *Journal officiel de la République française*, publié à Alger et non plus à Londres.

Une ordonnance du 17 septembre 1943 met ensuite en place une assemblée consultative provisoire composée des représentants de la Résistance, du parlement et des conseils généraux. Cette assemblée émet des avis facultatifs sur les questions dont elle est saisie par le comité et rend en revanche un avis obligatoire sur le budget général de celui-ci.

Une ordonnance du CFLN en date du 21 avril 1944 va ensuite programmer l'organisation des pouvoirs publics en France après la libération. Elle prévoit notamment l'élection d'une assemblée nationale constituante et, d'ici là, le rétablissement progressif de la légalité républicaine. L'article 17 de cette ordonnance indiquant que « les femmes sont électrices et éligibles dans les mêmes conditions que les hommes » introduit le suffrage féminin en France. L'ordonnance prévoit auparavant l'élection d'une assemblée représentative provisoire qui, une fois désignée, devra élire à son tour un président de gouvernement provisoire, lequel devra ensuite former un gouvernement qu'il soumettra à l'investiture de l'assemblée. Celle-ci n'exerce cependant qu'un pouvoir consultatif sur les projets d'ordonnances et de traités, elle est donc appelée à disparaître dès l'élection de l'assemblée nationale constituante.

Enfin, une ordonnance du 3 juin 1944 transforme le CFLN en Gouvernement provisoire de la République française (GPRF), doté des mêmes pouvoirs, qui va édicter le 9 août 1944 l'ordonnance relative au rétablissement de la légalité républicaine qui va fixer le sort juridique de tous les textes édictés pendant cette période et prononcer notamment la nullité d'une grande partie de la législation de Vichy.

La suite est connue : le peuple français est appelé à se prononcer le 21 octobre 1945 sur une sorte d'élection-référendum où il lui est demandé s'il souhaite que l'assemblée élue ce jour soit constituante, c'est-à-dire s'il veut revenir au régime de la III^e^ République ou passer à une IV^e^. Le texte programme également, en cas de victoire du « oui », l'organisation des pouvoirs publics jusqu'à la promulgation de la nouvelle constitution. Cette organisation comporte un exécutif monocéphale à la fois chef de l'État et de gouvernement et une assemblée unique cumulant les pouvoirs constituant et législatif. Avec 96 % de « oui » le régime de la III^e^ République est balayé et la loi référendaire du 2 novembre 1945 va donc servir de texte transitoire entre la III^e^ et la IV^e^.

On sait qu'ensuite l'Assemblée nationale constituante élit de Gaulle à la tête du gouvernement provisoire, mais il ne tarde pas à rentrer en conflit avec l'assemblée qui comprend 302 socialistes et communistes sur 586 membres et démissionne le 20 janvier 1946. Il est remplacé par Félix Gouin. Un premier projet de constitution est rejeté par référendum du 5 mai 1946. Une nouvelle constituante est élue comme prévu par la loi référendaire du 2 novembre 1945 et le second projet sera adopté par le peuple et promulgué le 27 octobre 1946.

Toute la législation adoptée entre 1940 et 1945 l'a donc été par des actes baptisés ordonnances (dont 1 332 signées entre 1944 et 1945). Si la seule distinction opérée fût apparemment celle des ordonnances et des décrets, il faut observer cependant qu'il existait une hiérarchie matérielle et non formelle entre les ordonnances en ce sens que certaines avaient un objet constitutionnel et les autres étaient simplement législatives. Si le terme « ordonnance portant loi constitutionnelle » n'a pas été expressément utilisé, il est cependant certain que cette catégorie se distinguait des autres par sa vocation institutionnelle. Le régime de Vichy, lui, faisait expressément la distinction entre les actes constitutionnels et les actes législatifs.

Dans les deux cas il y avait donc confusion des trois pouvoirs (constituant, législatif et exécutif) entre les mains du même organe.

## Section 2 Le régime juridique des actes législatifs

Deux solutions extrêmes sont possibles lorsqu'il s'agit pour le juge d'examiner les actes pris par l'exécutif dans le domaine de la loi : soit il fait primer le critère matériel (question « quoi ? ») en considérant ces textes comme des lois ayant donc le même régime contentieux que les lois parlementaires, soit il fait primer le critère organique (question « qui ? ») et il leur étend le régime contentieux des actes réglementaires.

Il convient cependant de rappeler que ces régimes contentieux n'étaient pas à l'époque ce qu'ils sont aujourd'hui. La loi parlementaire bénéficiait, en effet, d'une immunité contentieuse totale, seule l'existence de la loi pouvait être contestée devant les tribunaux, jamais sa validité c'est-à-dire sa conformité à la Constitution. Aujourd'hui il n'en va plus de même puisque la loi peut être contestée avant sa promulgation devant le Conseil constitutionnel. Mais surtout sa conformité au droit international et européen peut être contestée, après sa promulgation, devant les juridictions ordinaires, judiciaires et administratives, et sa conformité à la Constitution elle-même peut désormais être discutée par la voie de la question préjudicielle. L'immunité contentieuse de la loi est donc aujourd'hui révolue, ce qui atténue largement la différence avec le régime des actes réglementaires. Mais elle était encore bien ferme en 1940-1945 de telle sorte qu'il importait alors de savoir si ces actes de l'exécutif pris en matière législative étaient contestables ou non devant les tribunaux.

Concernant cette période particulière, l'attitude du Conseil d'État a été la même à l'égard des actes dits lois de Vichy et des ordonnances des gouvernements de Charles de Gaulle : dans les deux cas il a refusé d'examiner la validité de ces actes tant par voie d'action que d'exception, les motivations retenues ne sont cependant pas explicites.

Pour les actes de Vichy le juge administratif motive son refus en considérant, par exemple, que « les actes accomplis par les autorités investies du pouvoir constituant ou législatif ne peuvent faire l'objet d'un recours pour excès de pouvoir; que la loi du 9 février 1943 a été édictée par le chef du gouvernement en conseil de cabinet conformément aux actes constitutionnels des 17 et 26 novembre 1942 faits par le chef de l'État en vertu des pouvoirs qui lui ont été conférés par la délibération de l'Assemblée nationale du 10 juillet 1940 ». Il rejette le recours en conséquence[2]. Le juge se borne donc à vérifier l'existence de l'acte et son fondement mais on ne s'explique pas pourquoi les décrets-lois qui sont aussi pris par une autorité investie provisoirement d'un pouvoir législatif sont pourtant considérés comme des actes réglementaires jusqu'à leur ratification alors que le Conseil d'État refuse cette solution pour les actes législatifs de Vichy. Il ne songe même pas à étayer son argumentation en invoquant, par exemple, leur formule exécutoire (« le présent décret sera exécuté comme loi de l'État »), l'absence de ratification parlementaire ou l'abrogation des lois constitutionnelles et leur remplacement par une « constitution » dictatoriale.

Il est certain cependant que même si le Conseil d'État avait statué différemment en admettant la recevabilité du recours, on voit mal quel contrôle il aurait pu effectuer, hormis celui de la régularité externe consistant à vérifier que l'acte a bien été signé par l'autorité investie du pouvoir législatif. Les actes constitutionnels ne conte-

2. CE, 22 mars 1944, *Vincent*, *S.* 1945, p. 53, concl. DETTON, note R.E. CHARLIER ; CE, 2 juin 1948, *Thomas frères*, *Rec.* 242.

naient en effet aucune disposition de fond par rapport auxquelles il eût été possible d'effectuer un contrôle de régularité interne. Il faut observer d'ailleurs que c'était aussi le cas des trois lois constitutionnelles de 1875 qui ne contenaient que des dispositions d'organisation des pouvoirs publics, à l'exclusion de toute déclaration des droits ou de préambule.

On retrouve le même problème pour les ordonnances de Charles de Gaulle. Le Conseil d'État refusera aussi leur mise en cause contentieuse avec des motivations variables d'un arrêt à l'autre. Il considère, par exemple, que les ordonnances du CFLN « adoptées en vertu de l'ordonnance du 3 juin 1943, dans l'exercice du pouvoir législatif, ne constituent pas dès lors, des actes susceptibles d'être contestés devant le Conseil d'État statuant au contentieux »[3]. Ici le rejet du recours pouvait s'appuyer sur un argument supplémentaire tiré du fait que l'ordonnance n° 1 du 27 octobre 1940 distinguait bien les décrets des ordonnances et précisait que celles-ci auraient « force de loi ». Mais, en tout état de cause, une solution différente n'aurait pas non plus apporté grand-chose sur le fond puisque l'on ne voit pas par rapport à quelle norme de référence un contrôle aurait été possible. Le juge ne pouvait vérifier que la signature et le respect de la procédure minimale prévue par l'ordonnance constitutionnelle de base. Lorsque les normes constitutionnelles de référence sont exclusivement des règles de pure habilitation, de compétence et de procédure succincte, le contrôle possible est aussi très formel.

3. CE, 22 févr. 1946, *Botton, S.* 1946, p. 56, note P.H ; CE, 23 févr. 1949, *Vincent, Rec.* T, p. 621 ; CE, 11 févr. 1948, *Trouillet*, RT, p. 523 ; CE, 9 nov. 1948, *Woelky*, 9 nov. 1948, *Rec.* T, p. 523 ; CE, 9 janv. 1948, *Gilbert, Rec.* 11.

# CHAPITRE 2
# LE GOUVERNEMENT TRANSITOIRE DE LA V^e RÉPUBLIQUE

Le titre XV et dernier de la Constitution du 4 octobre 1958 intitulé « Dispositions transitoires » comportait[1] trois articles 90, 91 et 92 fixant l'organisation transitoire des pouvoirs publics jusqu'à la mise en place des nouvelles institutions[2].

L'article 90 suspend la session ordinaire du parlement au cours de laquelle a été votée la loi constitutionnelle du 3 juin 1958.

L'article 91 prévoit que les nouvelles institutions devront être mises en place dans un délai de quatre mois à compter de la promulgation de la nouvelle constitution. Ce délai est porté à six mois pour la Communauté. Il précise aussi que les pouvoirs du président de la République (René Coty) expireront à la proclamation de l'élection du président désigné en vertu des nouveaux articles 6 et 7. Il précise également que les attributions conférées au Conseil constitutionnel par les articles 58 et 59, c'est-à-dire le contentieux des élections présidentielle et parlementaires, seront exercées, jusqu'à sa mise en place, par une commission composée du vice-président du Conseil d'État, du premier président de la Cour de cassation et du premier président de la Cour des comptes.

Enfin et surtout, l'article 92 contient trois alinéas. Le premier indique que « les mesures législatives nécessaires à la mise en place des institutions et, jusqu'à cette mise en place, au fonctionnement des pouvoirs publics, seront prises en Conseil des ministres après avis du Conseil d'État, par ordonnances ayant force de loi ». Le second alinéa précise que cette compétence inclut le régime électoral des assemblées. Le troisième et dernier alinéa ajoute :

---

1. Ces dispositions ont été abrogées par la révision constitutionnelle du 4 août 1995, V. A.-M. Le Pourhiet, « Du devoir de mémoire constitutionnelle – L'abrogation des articles 90, 91 et 92 de la Constitution », *in Mélanges en l'honneur de Pierre Pactet*, Dalloz, 2003, p. 299.
2. A.-M. Le Bos-Le Pourhiet, *L'article 92 de la Constitution de 1958*, Economica, 1980, préface G. Dupuis.

« Pendant le même délai et dans les mêmes conditions, le gouvernement pourra également prendre, en toutes matières, les mesures qu'il jugera nécessaires à la vie de la Nation, à la protection des citoyens ou à la sauvegarde des libertés ».

Ainsi donc l'article 92 prolonge en quelque sorte la loi de pleins pouvoirs n° 58-520 du 3 juin 1958 qui avait autorisé le gouvernement à prendre par ordonnances[3] les mesures législatives « nécessaires au redressement de la nation ». On observe cependant une différence notable entre les deux textes en ce sens que la loi du 3 juin avait exclu du champ de l'habilitation la législation électorale et le domaine des libertés publiques et individuelles, alors que l'article 92 ne comporte aucune limite.

Il convient d'examiner successivement la mise en œuvre de cet article puis le régime juridique des ordonnances adoptées sur son fondement.

## Section 1 La mise en œuvre de l'article 92

L'élaboration du texte a conduit à des rajouts successifs qui en ont permis un usage qualitativement et quantitativement impressionnant.

### § 1. LE TEXTE

L'avant-projet de Constitution était moins généreux pour le gouvernement que le texte définitif puisqu'il ne prévoyait d'ordonnances que pour la mise en place des institutions et les mesures indispensables au fonctionnement des pouvoirs publics et au régime électoral des assemblées.

De plus, des garanties supplémentaires ont ensuite été ajoutées par le Comité consultatif constitutionnel puisque le texte proposé par celui-ci prévoyait que les fonctions, sans exceptions, du Conseil constitutionnel seraient exercées jusqu'à son installation par le

3. Le terme de décret-loi disparaît déjà de cette habilitation. Une autre loi du même jour, n° 58-521, reconduit aussi « jusqu'à l'expiration des fonctions du présent gouvernement », la loi de pouvoirs spéciaux pour l'Algérie du 16 mars 1956.

comité constitutionnel en fonction et que le régime électoral des assemblées devrait faire l'objet d'un référendum préalable.

Or, toutes ces modifications ont disparu du projet définitif soumis au référendum. Seule la procédure d'adoption des ordonnances a été précisée à la suite de l'avis du Conseil d'État puisque le texte définitif ajoute la délibération des ordonnances en Conseil des ministres et la consultation du Conseil d'État sur ces textes.

L'on constate, d'autre part, que les ordonnances de l'article 92 ont force de loi dès leur publication et qu'aucune ratification parlementaire n'est organisée. Cette absence est logique dans le cas d'une habilitation constitutionnelle ou référendaire directe, la ratification n'est généralement prévue que pour des habilitations parlementaires[4]. De plus, l'article 92 habilite « le gouvernement » à prendre des ordonnances mais sans préciser qu'il s'agit du gouvernement en fonction à la date de la promulgation de la Constitution. Cela signifie donc que les gouvernements qui se succéderont durant la période de quatre et six mois pourront prendre des ordonnances, qu'il s'agisse du dernier gouvernement de IVe République ou du premier gouvernement de la Ve. On verra que cette question a effectivement soulevé des questions au sujet de la signature des ordonnances.

## § 2. L'USAGE

L'utilisation de l'article 92 a été qualitativement surprenante. En effet, le gouvernement a pris exactement 300 ordonnances dans les domaines les plus variés entre le 4 octobre 1958 et le 4 avril 1959 (4 février pour la métropole et 4 avril pour la Communauté) parmi lesquelles les vingt-quatre lois organiques prévues par la Constitution, à l'exception de celle qui est mentionnée à l'article 34 pour compléter la liste des matières législatives. C'est donc un véritable arsenal juridique qui a ainsi été mis en place par le général de Gaulle et son gouvernement qui entendaient poser, seuls, les bases du nouveau régime, à l'abri de tout contrôle parlementaire et juridictionnel.

Cette interprétation extensive des pouvoirs transitoires n'a pas manqué de susciter des protestations de la part de ceux qui esti-

4. À l'exception, aujourd'hui, des ordonnances de l'article 74-1 de la Constitution (voir *infra*, deuxième partie, chapitre 4).

maient que la compétence législative transitoire reconnue à l'exécutif devait faire l'objet d'une interprétation stricte et n'être donc utilisée que pour adopter les textes urgents ne pouvant attendre l'installation des nouvelles assemblées.

Comme en témoigne Hubert Beuve-Méry[5] : « *Décembre venu, on a vu le* Journal officiel *battre tous les records de productivité. Défense nationale, enseignement, organisation, monnaie, il n'est guère de domaine qui n'ait été touché* ».

Il ne faut pas se cacher, toutefois, que si beaucoup de ces textes correspondaient à des idées et volontés précises du général de Gaulle et de Michel Debré (lois organiques, Algérie, plan Pinay-Rueff...), un grand nombre d'entre eux n'est pas l'œuvre directe du gouvernement transitoire mais ne constitue en réalité que la reprise de projets de lois, parfois anciens, que l'inefficacité du régime de la IV$^e$ République n'avait pas permis de faire adopter. On se doute bien que l'ordonnance relative aux taxes sur les produits du poisson ou celle qui ratifie le traité de commerce signé en 1956 avec le Paraguay ne correspondent pas à des urgences politiques du gouvernement transitoire, mais à des dossiers qui s'empilaient dans les bureaux des administrations et que ceux-ci vont donc faire passer par ordonnances, profitant ainsi de l'existence d'un pouvoir normatif enfin rapide et efficace.

On peut objecter cependant que si ces textes avaient pu patienter si longtemps ils auraient pu attendre encore quelques semaines pour que le nouveau parlement soit mis en place et puisse les discuter démocratiquement. C'est ici le pouvoir administratif, la technostructure qui aura trouvé son compte dans la confusion temporaire des pouvoirs.

Quant à la législation organique, s'il est certain qu'une partie d'entre elle devait être adoptée d'urgence pour assurer la mise en place des institutions essentielles, il est non moins certain que certains textes auraient aussi pu patienter quelques mois et faire l'objet du premier ordre du jour du nouveau parlement. Le statut de la Haute Cour de justice, du Conseil économique et social, de la magistrature ou encore la loi organique relative aux lois de finances auraient ainsi pu attendre la réunion des nouvelles assemblées. Il apparaît clairement que le gouvernement du général de Gaulle a tenu à verrouiller le système de façon à empêcher le parlement de tourner les règles constitutionnelles à son profit, mais aussi, dans

5. *Onze ans de règne : 1958-1969*, Flammarion, 1974.

certains cas, à éviter peut-être un contrôle de constitutionnalité sur des dispositions discutables puisque les pouvoirs de la commission transitoire de hauts magistrats étaient limités au contentieux électoral et ne portaient pas sur le contrôle des normes. Dans ces conditions, les propos de Michel Debré devant le Conseil d'État, décrivant la procédure spéciale d'élaboration des lois organiques, prévue à l'article 46 de la Constitution, comme « destinée à diminuer l'arbitraire, tant gouvernemental que parlementaire » paraissent décalés. Cette procédure n'aura servi que pour modifier ultérieurement les ordonnances organiques qui ont été initialement élaborées, elles, dans un huis clos dictatorial et expéditif.

Certaines ordonnances présentent même un caractère franchement cavalier et provocateur montrant que le gouvernement transitoire se moquait de la séparation des pouvoirs en n'hésitant pas, d'une part à s'auto-habiliter, d'autre part à ratifier ses propres actes par ordonnances.

Tout d'abord, une ordonnance du 7 octobre 1958 abroge l'article 6 de la loi de pouvoirs spéciaux du 16 mars 1956 sur l'Algérie. Cette loi, qui donnait tous pouvoirs au gouvernement pour régler la crise algérienne, avait, en effet, prévu dans son article 6 que tout nouveau gouvernement devrait demander leur reconduction à peine de caducité de l'habilitation. La délégation législative devait donc être accordée *intuitu personae* à chaque nouveau gouvernement. Or, l'ordonnance du 7 octobre 1958, en abrogeant cette disposition, accorde au gouvernement en fonction et à son suivant la prolongation d'office des pouvoirs spéciaux. C'est-à-dire que par le truchement d'un pouvoir législatif qu'il détient provisoirement le gouvernement s'octroie une compétence législative sans limitation de durée pour l'Algérie en rendant permanente une habilitation votée sous la IV$^{e}$ République. Le gouvernement s'auto-habilite donc ainsi à prendre encore des décrets-lois.

Ensuite, on constate que deux ordonnances du 5 novembre 1958 et du 7 janvier 1959, ratifient, la première soixante-quinze ordonnances prises par le général de Gaulle en vertu de la loi de pleins pouvoirs du 3 juin 1958, la seconde trente-deux décrets-lois pris en vertu de la loi de pouvoirs spéciaux précitée du 16 mars 1956. Or, il va de soi que lorsque le parlement habilite le gouvernement à prendre des mesures législatives, sous réserve d'une ratification ultérieure, il s'agit de permettre aux assemblées, c'est-à-dire aux représentants de la Nation, d'opérer un contrôle *a posteriori* sur la législation déléguée. La ratification n'a de sens que si elle est effectuée par le parlement, elle ne se conçoit que dans le cadre d'un débat parlementaire démocratique qui est sa raison d'être. C'est se moquer de la démocratie et de la séparation des pouvoirs que de pratiquer une ratification par le gouvernement lui-même comme s'il avait vocation à s'auto-contrôler. La finalité de ce procédé aberrant est évidente : il s'agit de mettre les décrets-lois et les ordonnances adoptés à l'abri de tout débat de ratification parlementaire ultérieur mais aussi de toute contestation contentieuse en leur donnant force de loi par une ratification « gouvernementale ». Ce ne sera pas la dernière acrobatie juridique inventée de la sorte par les gouvernements du général de Gaulle, il y en aura d'autres ultérieurement.

Il est donc clair que le gouvernement transitoire a largement usé et même abusé de ses pouvoirs, mais il est tout aussi clair que les organes consultatifs associés à la préparation de la Constitution ont singulièrement manqué de vigilance à l'égard des dispositions transitoires qui, telles qu'elles étaient rédigées, constituaient un véritable chèque en blanc pour le gouvernement.

En effet, non seulement l'habilitation constitutionnelle était quasiment illimitée mais les ordonnances ont été soigneusement soustraites à tout contrôle juridictionnel.

## Section 2 Le régime juridique des ordonnances

Selon l'article 92 les ordonnances sont donc « des mesures législatives ayant force de loi ».

La première conséquence évidente de cette terminologie est que les ordonnances interviennent dans le domaine législatif et peuvent donc modifier ou abroger les lois en vigueur. De la même façon, une fois le délai d'habilitation expiré, elles ne pourront plus être modifiées ou abrogées que par des lois, sauf délégalisation de certaines de leurs dispositions par le Conseil constitutionnel en vertu de l'article 37§2.

La seconde conséquence, de nature contentieuse, a été plus débattue. Les juridictions ont effet déduit des termes de l'article 92 que ces ordonnances avaient la même immunité contentieuse que les lois parlementaires et ne pouvaient donc voir leur validité contestée tant par voie d'action que par voie d'exception.

Quant aux ordonnances portant loi organique le Conseil constitutionnel a considéré d'une part qu'elles faisaient partie du « bloc de constitutionnalité » auquel doivent se conformer les lois ordinaires, d'autre part qu'elles ne peuvent elles-mêmes être contestées devant lui.

## § 1. LES ORDONNANCES ORDINAIRES

La question de leur régime contentieux pouvait être soulevée devant les tribunaux ordinaires comme devant le Conseil constitutionnel. Les trois juridictions ont, en effet, eu à en connaître dans des conditions différentes.

### A. LE CONTRÔLE DES TRIBUNAUX ORDINAIRES

Le Conseil d'État comme la Cour de cassation se sont catégoriquement refusés à examiner la validité des ordonnances, n'acceptant seulement, comme pour les lois parlementaires, que d'en vérifier l'existence.

#### *1. La validité*

Dans sa décision *Ahmed Bouazza* du 28 mai 1959[6], la Cour constate que l'ordonnance du 8 octobre 1958 sur la répression des infractions commises en vue d'apporter une aide aux rebelles algériens « rentrant dans les prévisions de l'article 92 et prise par le gouvernement dans les conditions prévues par ce texte a été régulièrement publiée sous la signature du président du Conseil et a ainsi acquis force de loi à partir de sa publication ».

Le Conseil d'État adopte la même solution dans l'arrêt *Société Eky* du 12 février 1960[7] en indiquant que l'ordonnance contestée « a été prise par le gouvernement en vertu de l'article 92, dans l'exercice du pouvoir législatif ; que, dans ces conditions, elle ne constitue pas un acte de nature à être déféré au Conseil d'État par la voie du recours pour excès de pouvoir ». Les conclusions du commissaire du gouvernement montrent que le Conseil d'État s'est essentiellement appuyé, pour aboutir à cette conclusion sur le terme « force de loi » utilisé par l'article 92.

6. Cass. crim., *JCP* 1959, II, n° 11152, note G. Vedel.
7. *S.* 1960, p. 131, concl. J. Kahn.

Ces solutions ont, à quelques exceptions près, été largement approuvées par la doctrine qui s'est également fondée sur la « force de loi » reconnue aux ordonnances[8].

Il convient, en effet, de distinguer la valeur d'un acte de sa force, ces deux termes n'ayant pas la même signification. Dire qu'une norme a valeur législative signifie seulement que la norme considérée se trouve au même niveau que la loi dans la hiérarchie et qu'elle peut donc régir des matières législatives et abroger ou modifier des dispositions de loi. Elle peut aussi déroger à des principes généraux qui n'auraient qu'une valeur législative. Pour reprendre la formule employée autrefois par le législateur au sujet des décrets-lois, cette norme peut intervenir « nonobstant toute disposition législative contraire ». Le terme « force de loi », en revanche, signifie quelque chose de plus que la seule valeur législative en ajoutant que la norme considérée a aussi la force des lois parlementaires c'est-à-dire qu'elle s'impose aux autorités juridictionnelles de la même façon, elle a la même immunité contentieuse que si elle avait été adoptée par le parlement.

Il est bien évident, en effet, que si l'article 92 rajoute l'expression « force de loi » à celle de « mesures législatives » c'est qu'il ne donne pas le même sens aux deux termes, sauf à commettre un pléonasme. L'ordonnance de l'article 92 a non seulement la même valeur que la loi mais elle a aussi la même force c'est-à-dire que sa validité ne peut être judiciairement contestée contrairement à d'autres mesures législatives prises par l'exécutif comme, par exemple, les décrets-lois qui peuvent faire l'objet de contestations contentieuses jusqu'à leur ratification qui, seule, justement, leur donne force de loi.

Si la validité de ces textes n'a donc pas été examinée, le Conseil d'État a cependant fait application, à leur sujet, de la responsabilité sans faute du fait des lois, pour cause de rupture de l'égalité devant les charges publiques en raison d'un dommage anormal et spécial[9].

---

8. Voir notamment, J. Touscoz, *La notion d'ordonnance – Études de droit public*, Cujas, 1964, p. 218 ; D. Loschak, *Le rôle politique du juge administratif*, LGDJ, 1972, p. 109 ; F. Batailler, *Le Conseil d'État, juge constitutionnel*, LGDJ, 1966, p. 76 ; A. Heymann, *Les libertés publiques et la guerre d'Algérie*, LGDJ, 1972, p. 48 ; M. Waline, « La loi et le règlement dans la Constitution de 1958 », *RDP* 1959, p. 287 ; C. Franck, *Les fonctions juridictionnelles du Conseil d'État et du Conseil constitutionnel dans l'ordre constitutionnel*, LGDJ, 1974, p. 174 ; G. Druesne, « La jurisprudence constitutionnelle des tribunaux judiciaires sous la Ve République », *RDP* 1974, p. 169.
9. CE, 25 janv. 1963, *Bovero*, *JCP* 1963, II, n° 13326, note G. Vedel.

Il s'agissait, en l'espèce, d'une ordonnance interdisant l'expulsion des familles de militaires appelés en Algérie.

## 2. *L'existence*

On sait que si les tribunaux ordinaires refusent d'apprécier la validité des lois parlementaires[10] ils en vérifient en revanche l'existence tant juridique que matérielle. Ils contrôlent, en effet, que le texte en cause mérite bien le qualificatif de loi, qu'il remplit « les conditions fondamentales qui, seules, peuvent lui donner le critère d'acte législatif », c'est-à-dire s'il respecte les règles de compétence et de procédure élémentaires sans lesquelles on ne peut prétendre avoir affaire à une loi. Ce contrôle de l'existence a été étendu par les juridictions aux accords diplomatiques ainsi qu'aux actes de l'exécutif ayant force de loi.

Or, précisément, deux moyens ont été soulevés à l'égard de l'existence de certaines ordonnances, mettant respectivement en cause leur signature et leur défaut de promulgation.

### *a) La signature*

Une anomalie apparente avait été remarquée dans les ordonnances successivement prises sur le fondement de l'article 92. En effet, le général de Gaulle, dernier président du Conseil de la IV^e République, a été élu le 8 janvier 1959 premier président de la V^e République en vertu des articles 6 et 7 de la nouvelle Constitution. Or les ordonnances antérieures à cette élection sont signées par le président du Conseil (Charles de Gaulle) et les ordonnances postérieures le sont par le président de la République (Charles de Gaulle, encore).

Dans les affaires *Ahmed Bouazza*[11] et *FNOSS et Fradin*[12], respectivement jugées par la Cour de cassation et le Conseil d'État, les requérants soutenaient que les ordonnances antérieures au 8 janvier 1959 étaient inexistantes puisque signées par le président du Conseil alors qu'en vertu de l'article 13 de la Constitution c'est le président de la République qui signe les ordonnances et les décrets en Conseil des ministres. Si la Cour de cassation a écarté l'argument sans motivation, le Conseil d'État a été plus explicite et a

10. Sauf, de nos jours, le cas de contrariété entre une loi et une convention internationale.
11. Cass. crim., précitée.
12. CE, ass., 1^er juill. 1960, *Rec.* 441.

considéré que les pouvoirs de Président Coty, prorogés par l'article 91 jusqu'à l'élection de son successeur, étaient les pouvoirs que détenait, sous l'empire de la Constitution de 1946, le président de la IVe République et non les pouvoirs reconnus par la Constitution de 1958 au président de la Ve. Or, sous la IVe République le pouvoir normatif général appartient au président du Conseil et non au chef de l'État. En revanche, dès qu'est élu le premier président de la Ve République l'article 13 nouveau trouve à s'appliquer.

Cette question de la signature des ordonnances montre bien la nature évolutive et progressive des dispositions transitoires, permettant de passer « en douceur » d'un régime à l'autre. On n'est pas encore pleinement sous l'empire d'une nouvelle constitution puisque les assemblées législatives ne sont pas installées et que le pouvoir législatif est temporairement exercé par l'exécutif, mais l'on se rapproche progressivement du nouveau droit commun puisque c'est déjà le nouveau titulaire du pouvoir réglementaire général qui se substitue au précédent pour signer les ordonnances.

### *b) La promulgation*

Les ordonnances contestées devant les juges judiciaire et administratif n'étant pas promulguées les requérants faisaient aussi valoir que les ordonnances étaient entachées d'inexistence. La Cour de cassation a écarté l'argument sans motiver mais le Conseil d'État a développé en affirmant : « ladite ordonnance, si elle a force de loi, a été adoptée par le gouvernement et, par suite, n'a pas à être promulguée ». Cette solution s'impose également. La promulgation est, en effet, l'acte par lequel le chef de l'État prend acte de la volonté exprimée par le parlement et s'engage solennellement à en assurer l'exécution. Comme l'indique Maurice Hauriou dans son précis de droit administratif : « L'œuvre du pouvoir exécutif, qui consiste à assurer l'exécution des lois, commence à la promulgation »[13]. La promulgation est donc un élément des rapports entre l'exécutif et le parlement et n'a de sens qu'en période de séparation des pouvoirs. Comme pour la ratification précédemment examinée qui n'a aussi de sens que si elle émane du parlement contrôlant l'exécutif, la promulgation ne peut concerner que des actes effectivement adoptés par les assemblées. Elle n'est pas liée au contenu ni à la valeur ni à la force de la loi mais au seul fait qu'elle émane d'un

13. M. Hauriou, *Précis de droit constitutionnel,* Sirey, 1929, réimpression CNRS, 1965, p. 439.

organe législatif distinct de l'exécutif. La promulgation obéit donc à un pur critère organique qui n'existe pas en période de confusion des pouvoirs. C'est ce que méconnaissait l'acte constitutionnel n° 2 du 11 juillet 1940 lorsqu'il prévoyait la promulgation de ses propres actes législatifs par le maréchal Pétain.

## B. L'INTERVENTION DU CONSEIL CONSTITUTIONNEL

Le Conseil constitutionnel n'était à l'époque compétent que pour examiner la conformité des lois à la Constitution, entre leur vote et leur promulgation (ou des règlements des assemblées entre leur adoption et leur mise en application), et ne pouvait évidemment être saisi de la constitutionnalité des ordonnances. En tout état de cause, il n'était pas encore installé et sa mise en place a précisément nécessité l'adoption de l'ordonnance organique n° 58-1067 du 7 novembre 1958.

L'intervention du Conseil ne pouvait donc être sollicitée que de façon très indirecte, limitée et *a posteriori*, dans le cadre de la procédure de délégalisation de l'article 37, alinéa 2 (1). Cependant, il a adopté au sujet d'une ordonnance ordinaire relative au fonctionnement des assemblées parlementaires une solution inattendue et discutable (2).

### 1. *La délégalisation des ordonnances*

Dans sa décision *RATP* du 7 novembre 1959, le Conseil constitutionnel a admis que les ordonnances de l'article 92, ainsi que les textes ratifiés par de telles ordonnances (décrets-lois et ordonnances de la loi du 3 juin 1958), sont des textes de forme législative au sens de l'article 37, alinéa 2 et peuvent donc être soumis à la procédure de délégalisation organisée par cette disposition. Il est ensuite intervenu souvent sur ce fondement et a effectivement délégalisé un bon nombre de dispositions d'ordonnances de l'article 92[14].

14. A.-M. Le Bos-Le Pourhiet, *L'article 92 de la Constitution de 1958*, précité, p. 68.

## 2. *L'ordonnance n° 58-1100 du 17 novembre 1958 relative au fonctionnement des assemblées parlementaires*

Dans une décision n° 66-28 DC du 8 juillet 1966 plusieurs fois confirmée, le Conseil constitutionnel a considéré que la conformité à la Constitution des règlements des assemblées parlementaires doit s'apprécier « *tant au regard de la Constitution elle-même que des lois organiques prévues par elle, ainsi que des mesures législatives nécessaires à la mise en place des institutions prises en vertu de l'alinéa 1er de l'article 92 de la Constitution* » et il a effectivement invalidé un article du règlement du Sénat qui contrevenait à cette ordonnance ordinaire.

Cette jurisprudence est discutable à plus d'un titre. En effet, s'il appartient sans doute à chacune des assemblées législatives de respecter, dans l'élaboration de son règlement intérieur, les lois qu'elles ont pu adopter ensemble, il est douteux qu'il appartienne au Conseil constitutionnel d'effectuer un contrôle des règlements des assemblées par rapport à la législation ordinaire. L'on pourrait de surcroît se trouver dans une situation où une loi modifiant l'ordonnance initiale aurait été adoptée, sur le fondement de l'article 45, par l'Assemblée nationale seule et s'imposerait cependant au règlement du Sénat alors que l'article 46 sur les lois organiques a précisément voulu interdire qu'une loi organique relative au Sénat puisse être adoptée par la seule chambre basse.

La solution est encore plus choquante lorsqu'il s'agit d'une ordonnance gouvernementale, prise en l'absence de tout contrôle parlementaire ou juridictionnel, sans aucune habilitation constitutionnelle précise et spéciale. Le Constituant de 1958, en effet, était muet sur les commissions d'enquête et n'avait donc pas renvoyé à une loi organique le soin de fixer leurs règles d'organisation et de fonctionnement. L'article 34 ne plaçant pas non plus cette matière dans le domaine de la loi, c'est aux seuls règlements des assemblées qu'il incombait de le faire. Mais on comprend que le gouvernement provisoire n'ait pas voulu abandonner ce pouvoir aux assemblées et qu'il ait préféré le leur confisquer par une ordonnance abusive. En introduisant cette ordonnance ordinaire dans ses normes de référence alors que le Conseil n'est aucunement juge de la légalité, il s'est fait complice du détournement de pouvoir commis par le gouvernement transitoire.

Cette anomalie juridique est désormais couverte par le constituant puisque la loi constitutionnelle du 23 juillet 2008 a introduit un nouvel article 51-2 autorisant expressément les assemblées à créer des commissions d'enquête pour l'exercice de leurs missions de contrôle et d'évaluation mentionnées à l'article 24. L'alinéa 2 de cet article ajoute : « La loi détermine leurs règles d'organisation et de fonctionnement. Leurs conditions de création sont fixées par le règlement de chaque assemblée ». Il n'en demeure pas moins que si l'intervention du législateur ordinaire a désormais un fondement constitutionnel, la compétence du Conseil constitutionnel pour assurer la conformité de règlements des assemblées à ces textes n'est toujours pas évidente du tout d'autant qu'elle soulève des difficultés juridiques sérieuses.

En effet l'ordonnance ordinaire du 17 novembre 1958 n'avait évidemment pas été contrôlée par le Conseil constitutionnel et pouvait donc comporter des dispositions contraires à la Constitution, de même que les modifications ultérieures de ladite ordonnance qui n'auraient pas été déférées au Conseil. Or précisément, le Conseil s'est trouvé confronté à une difficulté lorsque le parlement a, par la loi du 19 juillet 1977, modifié l'ordonnance initiale sans que la conformité de cette loi à la Constitution ait été certifiée. Le règlement de l'Assemblée nationale ayant été modifié pour appliquer les nouvelles dispositions de la loi concernant les pouvoirs et la durée des commissions d'enquête, a donc été déféré au Conseil en vertu de l'article 61. Celui-ci se trouve alors dans une situation délicate puisqu'il doit apprécier la conformité du nouveau règlement à la loi et à la Constitution alors que la loi elle-même peut contenir des dispositions inconstitutionnelles mais qu'il n'a pas compétence pour apprécier la constitutionnalité des lois promulguées. Le Conseil constitutionnel s'en sort par une pirouette en affirmant : « *Considérant que la conformité desdites dispositions (du règlement) à la loi précitée, qui n'a pas été soumise à l'examen du Conseil constitutionnel, n'implique pas que celles-ci soient conformes à la Constitution : qu'il y a lieu, en conséquence, pour le Conseil constitutionnel, de les apprécier au regard de la Constitution elle-même* »[15]. Le Conseil confronte donc directement le règlement modifié à la Constitution et, en cas de constat d'inconstitutionnalité, admettrait indirectement la contrariété de la loi elle-même au texte constitutionnel. Il effectue donc ainsi discrètement, dès 1977, un contrôle indirect d'une loi promulguée par le biais du contrôle du règlement d'une assemblée pris pour son application.

15. N° 77-86 DC, 3 nov. 1977.

Après plusieurs hésitations dans la rédaction, le Conseil constitutionnel a fini par affirmer clairement, dans ses deux décisions du 14 octobre 1996 relatives aux règlements du Sénat et de l'Assemblée nationale, que les règlements des assemblées sont astreints au respect de l'ordonnance de 1958 et de ses modifications mais dans la mesure seulement où celles-ci sont conformes à la Constitution et il aboutit finalement en 1999 au considérant suivant : « *Considérant qu'en raison des exigences propres à la hiérarchie des normes juridiques dans l'ordre interne, la conformité à la Constitution des règlements des assemblées parlementaires doit s'apprécier au regard tant de la Constitution elle-même que des lois organiques prévues par celle-ci ainsi que des mesures législatives prises, en vertu du premier alinéa de l'article 92 de la Constitution alors en vigueur, pour la mise en place des institutions; qu'entrent dans cette dernière catégorie l'ordonnance du 17 novembre 1958 susvisée ainsi que les modifications apportées par la loi à ladite ordonnance postérieurement au 4 février 1959; que, toutefois, ces dernières ne s'imposent à une assemblée parlementaire, lorsqu'elle modifie ou complète son règlement, qu'autant qu'elles sont conformes à la Constitution* »[16]. C'est donc très ouvertement que le Conseil avoue pratiquer un contrôle de légalité des règlements des assemblées et un contrôle indirect de constitutionnalité des lois promulguées, indépendamment de la jurisprudence État d'urgence en Nouvelle-Calédonie de 1985.

Cet imbroglio juridique tient au fait que le Conseil constitutionnel n'a pas initialement osé condamner l'abus de pouvoir du gouvernement transitoire et s'en est même fait l'auxiliaire. Aujourd'hui, alors que la Constitution renvoie désormais explicitement les règles d'organisation et de fonctionnement des commissions d'enquête à une loi ordinaire, le Conseil établit les normes de référence applicables au règlement des assemblées de la façon définitive suivante qui ne mentionne plus l'article 92 : « *En raison des exigences propres à la hiérarchie des normes juridiques dans l'ordre interne, la conformité des règlements des assemblées parlementaires doit s'apprécier au regard tant de la Constitution elle-même que des lois organiques prévues par celles-ci ainsi que des mesures législatives prises pour son application; qu'entrent notamment dans cette dernière catégorie l'ordonnance du 17 novembre 1958 relative au fonctionnement des assemblées parlementaires ainsi que les modifications qui lui ont été apportées; que ces textes législatifs ne s'imposent à une assemblée*

16. Cons. const., n° 96-381 DC et n° 96-982 DC, *RFD const.* 1997, p. 100, note E. Oliva; n° 99-413 DC, 24 juin 1999.

*parlementaire, lorsqu'elle modifie ou complète son règlement qu'autant qu'ils sont conformes à la Constitution* »[17].

L'on reste sceptique sur l'idée que l'article 61 de la Constitution puisse être interprété comme permettant au juge constitutionnel d'appliquer des normes infra-constitutionnelles et surtout des lois ordinaires n'obéissant à aucune spécificité procédurale et il faut admettre que la réduction de l'autonomie des assemblées qui résulte de cet amoncellement de normes est considérable[18].

## § 2. LES ORDONNANCES ORGANIQUES

On sait que le Conseil constitutionnel a intégré aux normes de référence, souvent dites « bloc de constitutionnalité », que doivent respecter les lois ordinaires, non seulement la Constitution et son préambule, ainsi que les principes à valeur constitutionnelle qu'il dégage par interprétation mais aussi les lois organiques. En pratique il s'agit essentiellement des ordonnances organiques initiales, dont la plupart ont été modifiées depuis, parfois de façon assez conséquente. Mais des textes organiques nouveaux sont toutefois apparus depuis, sur le fondement de révisions constitutionnelles récentes comme celle de 2003 sur l'organisation décentralisée de la République ou celle de 2008 sur la modernisation des institutions qui ont multiplié les renvois à la législation organique[19].

Le problème est que l'article 46 ayant organisé un contrôle automatique de ces lois avant leur promulgation, aucun texte organique ne peut, en principe, contenir des dispositions inconstitutionnelles. Toutefois, l'on sait justement que la législation organique initiale n'a pas été adoptée selon la procédure de l'article 46 mais par ordonnances de l'article 92, donc sans contrôle préalable de constitutionnalité puisque le Conseil constitutionnel n'était pas installé et la commission provisoire prévue à l'article 91 n'était compétente qu'en matière électorale.

---

17. Cons. const., 25 juin 2009, n° 2009-581 DC, règlement de l'assemblée nationale et n° 2009-582 DC règlement du Sénat.
18. S. de Cacqueray, *Le Conseil constitutionnel et les règlements des assemblées*, Economica, 2001 ; J.-P. Camby, « La répartition des compétences entre la loi organique, la loi ordinaire et le règlement des assemblées dans la mise en œuvre de la révision constitutionnelle », *in Les lois organiques et la mise en œuvre de la révision constitutionnelle*, B. Mathieu et M. Verpeaux (dir.), Dalloz, 2009, p. 39.
19. B. Mathieu et M. Verpeaux (dir.), *Les lois organiques et la mise en œuvre de la révision constitutionnelle*, Dalloz, 2009.

Il n'est donc pas exclu, en pratique, que ces ordonnances contiennent des dispositions inconstitutionnelles alors qu'en théorie un texte organique est présumé conforme. Le Conseil constitutionnel devra-t-il valider des lois qui sont conformes au texte organique mais contraires à la Constitution ? On retrouve ici des questions proches de celles précédemment rencontrées au sujet de l'ordonnance ordinaire du 17 novembre 1958 et des règlements des assemblées et le Conseil constitutionnel n'y a apporté qu'une réponse incomplète.

Un premier problème s'est posé dans une décision n° 60-6 DC du 15 janvier 1960, à propos d'une loi organique modifiant l'ordonnance portant statut de la magistrature et aménageant des facilités d'accès pour les Français originaires d'Algérie[20] qui semblaient contraires au principe d'égalité « sans distinction d'origine, de race et de religion » proclamé à l'article 1er de la Constitution. Le Conseil affirme, dans sa décision : « *Considérant que la loi organique dont le Conseil est saisi, avant promulgation, a pour objet de déterminer, notamment par voie de modification de l'ordonnance du 22 décembre 1958, dont la conformité à la Constitution ne peut être contestée, et dans le même esprit, les règles d'après lesquelles l'accès à la magistrature est ouvert aux Français musulmans originaires des départements algériens des Oasis et de la Saoura ; que ce texte, pris dans la forme exigée par l'article 64, alinéa 3 et dans le respect de la procédure prévue à l'article 46, n'est contraire à aucune des autres dispositions de la Constitution* ».

La rédaction de cette décision est lourde et ambiguë et a alimenté des commentaires doctrinaux parfois excessifs. Il semble que le Conseil constitutionnel refuse d'examiner la conformité de la loi au principe d'égalité au motif que la discrimination étant déjà prévue par l'ordonnance initiale, il ne lui appartient pas de remettre en cause une disposition en vigueur. On se trouve ici dans l'hypothèse classique d'une loi nouvelle qui reprend les dispositions d'une loi antérieure déjà promulguée et que le Conseil ne peut donc pas examiner. L'impossibilité d'un contrôle a posteriori est encore renforcée par la présomption irréfragable de conformité à la Constitution qui caractérise en principe la législation organique. On sait toutefois que le Conseil a depuis assoupli sa jurisprudence, à la fois dans la décision du 3 novembre 1977 précitée et surtout dans sa jurisprudence dite *État d'urgence en Nouvelle-Calédonie*

20. Mesures que l'on désigne aujourd'hui par le vocable de « discrimination positive ».

du 25 janvier 1985[21] où il accepte d'examiner une loi en vigueur à l'occasion du contrôle d'un texte nouveau qui vient la compléter, la modifier ou en affecter le domaine d'application. Le Conseil constitutionnel accepterait peut-être aujourd'hui de constater l'inconstitutionnalité d'une ordonnance organique initiale à l'occasion d'une modification de celle-ci mais ce n'est pas certain pour deux raisons. D'une part il lui faudrait faire tomber la présomption de constitutionnalité d'un texte organique, d'autre part cela reviendrait à admettre que s'appliquent et qu'il applique depuis l'origine certaines dispositions organiques contraires à la Constitution.

Ce cas de figure se trouve dans l'ordonnance portant loi organique n° 58-1136 du 28 novembre 1958 relative aux nominations aux emplois civils et militaires. L'article 13 de la Constitution énumère, en effet, un certain nombre d'emplois auxquels il est nommé par décret en Conseil des ministres et ajoute qu'« une loi organique détermine les autres emplois auxquels il est pourvu en Conseil des ministres ». Le principe est donc simple : seuls le constituant et le législateur organique ont compétence pour déterminer ce type de nomination. Or, l'ordonnance de 1958 ne respecte pas cette répartition puisque, après avoir énuméré elle-même un certain nombre d'emplois auxquels il est pourvu en Conseil des ministres, elle renvoie à un décret en Conseil des ministres le soin de fixer la liste des emplois de direction dans les établissements publics, les entreprises publiques et sociétés nationales dont l'importance justifie une telle procédure. L'ordonnance procède donc à une subdélégation inconstitutionnelle puisqu'elle se décharge sur un décret de l'établissement d'une liste qu'elle devait fixer elle-même[22].

Dans une décision n° 86-217 DC du 18 septembre 1986 relative à la liberté de communication, le Conseil constitutionnel a jugé qu'une loi qui institue une nomination par décret en Conseil des ministres, hors de la liste fixée par le décret, « *a empiété sur le domaine réservé à la loi organique par l'article 13, alinéa 4 de la Constitution et est, dans cette mesure, contraire à la Constitution* ». Le Conseil constitutionnel ferme donc les yeux sur l'inconstitutionnalité de l'ordonnance et, par voie de conséquence, du décret pris sur son fondement, en considérant qu'à défaut de figurer dans le décret, une nomination en Conseil des ministres ne peut être insti-

21. N° 85-187 DC.
22. A.-M. Le Pourhiet, « Le pouvoir de nomination du chef de l'État contrôlé par le parlement », *in La révision constitutionnelle de 2008 : une nouvelle Constitution ?*, J.-P. Camby, P. Fraissex et J. Gicquel, LGDJ, Lextenso éditions, 2011, p. 57.

tuée que par le législateur organique lui-même. Il ne constate pas que l'ordonnance ne pouvait pas déléguer l'établissement de la liste et donc que le décret est inconstitutionnel.

Plus récemment le Conseil a été saisi par le gouvernement aux fins de déclassement de plusieurs dispositions législatives prévoyant encore des nominations en Conseil des ministres[23]. Il a jugé que lorsqu'il est ainsi saisi sur le fondement de l'article 37, alinéa 2 « il lui appartient seulement d'apprécier » si la disposition qui lui est soumise a un caractère législatif ou réglementaire, c'est-à-dire qu'il ne peut apprécier à ce stade la conformité de la disposition en cause à la Constitution ni l'invalider comme il l'a fait dans la décision de 1986. Il conclut donc qu'il résulte de l'ensemble des dispositions constitutionnelles et organiques qu'il revient au pouvoir réglementaire d'établir la liste des emplois de direction publique pourvus en Conseil des ministres. Une fois encore il ignore l'inconstitutionnalité de l'ordonnance organique et du décret dont il fait application sans sourciller.

On voit donc, à travers ces questions très complexes que la hiérarchie des normes n'est pas en France une chose simple mais qu'elle a été considérablement compliquée par l'intervention et le régime juridique des ordonnances de l'article 92. Mais en multipliant depuis lors, notamment dans ses révisions de 2003 et 2008, le renvoi aux lois organiques et même aux lois ordinaires, le constituant ne contribue pas non plus à éclaircir la question et rend parfois inutilement difficile le travail du juge et du législateur[24].

23. Cons. const., nº 95-177 L, 8 juin 1995.
24. J.-P. Camby, précité, p. 39.

# DEUXIÈME PARTIE
# LA DÉLÉGATION

La notion de délégation a longtemps été la « plaie » du droit public et surtout du droit constitutionnel, car la jurisprudence et les juristes ne parvenaient pas à se mettre d'accord sur sa définition et le terme a effectivement tendance à être utilisé à tort et à travers.

Une conception très large de la délégation, fondée sur l'appréhension normativiste de l'ordre des compétences aboutit à considérer que le souverain étant investi de tout pouvoir, le redistribue aux organes étatiques par voie de délégation. Dans la théorie de Kelsen la norme fondamentale (*Grundnorm*) habilite le constituant à faire une constitution, qui délègue à l'organe législatif le soin de faire les lois, qui délèguent elles-mêmes à l'exécutif l'édiction des règlements, qui délèguent aux autorités subordonnées le soin de prendre les actes individuels d'application et ainsi de suite jusqu'à la contrainte. Dans une telle présentation, tous les organes ont une compétence déléguée et l'on peut affirmer avec Guizot que « c'est le délégué du souverain qui allume les réverbères »[1].

Indépendamment de la théorie du droit, la philosophie politique de Rousseau rejoint également cette conception. La souveraineté populaire implique en effet une organisation pyramidale des pouvoirs selon un ordre de légitimité décroissante comportant, au sommet, le peuple, puis, en dessous, l'assemblée composée de « commis » munis d'un mandat impératif, puis encore en dessous, l'organe exécutif lui-même commis par l'assemblée et subordonné à elle dans un régime précisément dit « d'assemblée ».

Mais le droit public français n'est pas intégralement le fruit d'une immaculée conception de Rousseau, il résulte davantage d'un mariage de Sieyès et Rousseau célébré par Montesquieu, que résume la formule « la souveraineté nationale appartient au peuple »

1. J.-C. Groshens, *La délégation administrative de compétence*, Dalloz, 1958, p. 197.

et qu'illustre l'affirmation simultanée de la démocratie et de la séparation des pouvoirs par les constituants.

Cette dernière, en ce qu'elle repose entièrement sur l'idée de contre-pouvoirs, est, en effet, théoriquement inconciliable avec l'idée de subordination que suppose la pyramide démocratique. Un pouvoir subordonné à un autre ne peut l'arrêter, ne peut s'y opposer. Ce compromis entre démocratie et séparation des pouvoirs explique le caractère quelque peu obscur de la notion de délégation en droit constitutionnel et les hésitations doctrinales et jurisprudentielles sur cette question.

En laissant de côté les théories politiques et la théorie du droit pour ne s'intéresser qu'au droit positif, l'on va s'écarter de cette conception large de la délégation, dans laquelle toute la répartition des compétences publiques repose sur une cascade de délégations, pour se concentrer sur une acception étroite ne visant que l'aspect dérogatoire, la substitution provisoire qu'opère ce procédé. Cette conception fait dire à Adhémar Esmein : « Il n'y a de vraie délégation que lorsqu'une autorité investie d'un pouvoir déterminé en fait passer l'exercice à une autre autorité ou personne par un acte particulier et volontaire, en se déchargeant sur le délégué de l'exercice de ce pouvoir »[2]. On distinguera donc la délégation *stricto sensu* de la simple attribution de compétence. Il va de soi, par exemple, que lorsqu'une loi de décentralisation investit le maire d'une compétence en matière d'urbanisme ou le conseil général d'une compétence en matière sociale, elle ne lui délègue aucun pouvoir législatif mais lui attribue simplement une compétence administrative. Il n'y a de vraie délégation du parlement que lorsque celui-ci transfère sa propre compétence législative à une autre autorité que lui-même et il ne peut le faire que s'il y est autorisé par celui qui lui a attribué ladite compétence c'est-à-dire le constituant. Ainsi donc, tout transfert de compétence par délégation suppose une habilitation préalable à déléguer délivrée par l'autorité qui a attribué cette compétence, suivie d'une délégation proprement dite. Toute délégation de sa compétence par un organe public réalisée sans habilitation préalable revient à déroger à l'ordre des compétences établi et constitue donc un transfert irrégulier, invalide[3].

---

2. *Éléments de droit constitutionnel,* Sirey, 1914, 6e éd., p. 686.
3. A.-M. Le Bos-Le Pourhiet, *Les substitutions de compétence en droit public français,* thèse, Paris 1-Panthéon-Sorbonne, 1985, dactyl. p. 46.

Mais la conception large de la délégation précédemment décrite a cependant eu longtemps des répercussions en droit constitutionnel, au sujet du régime des décrets d'application des lois autrefois dénommés règlements d'administration publique. La définition stricte, exigeant un transfert autorisé de la compétence législative au gouvernement, a également soulevé de délicates questions sous les IIIe et IVe Républiques, au sujet de la constitutionnalité des lois-cadres et des lois de pleins pouvoirs. C'est ce qu'il convient d'abord de rappeler avant d'aborder le régime des délégations de l'article 38 de la Constitution de 1958.

# CHAPITRE PRÉLIMINAIRE
# LES DÉLÉGATIONS LÉGISLATIVES SOUS LES RÉPUBLIQUES PRÉCÉDENTES

La nature juridique des règlements d'administration publique a été très discutée (Section 1) avant que ne s'engage le long débat sur la constitutionnalité des lois-cadres et de pleins pouvoirs (Section 2).

## Section 1 La nature des règlements d'administration publique (RAP)

Partant d'une conception pyramidale de la hiérarchie des normes reposant sur une cascade de délégations, la jurisprudence ancienne considérait que les règlements d'administration publique (RAP), c'est-à-dire les décrets d'application des lois pris sur habilitation expresse du législateur et après avis du Conseil d'État rendu en assemblée générale, participaient de la nature de la loi et avaient force de loi comme les lois parlementaires elles-mêmes. Ils bénéficiaient donc d'une immunité contentieuse identique à celle des lois et ne pouvaient faire l'objet d'un recours pour excès de pouvoir.

Cette situation fâcheuse au regard du contrôle de l'exécutif avait conduit certains juristes à nier l'existence d'une délégation dans le renvoi par la loi à un décret d'application car, pour eux, dès lors qu'il y avait délégation le recours contentieux était irrecevable.

Entre les partisans de la délégation et de l'irrecevabilité du recours[1] et les adversaires de la délégation favorables à son ouverture[2], Félix Moreau adoptait une solution originale en préconisant

1. É. Laferrière, *Traité de la juridiction administrative,* 1896, 2^e^ éd., tome II, p. 11 ; L. Aucoc, *Conférences sur le droit administratif,* 3^e^ éd, 1885, tome I, n° 54.
2. A. Esmein, *Éléments de droit constitutionnel,* 6^e^ éd. Sirey, 1914, p. 678 ; « De la délégation du pouvoir législatif », *Rev. pol. et parl.* 1894, p. 211 ; H. Berthélémy, *Traité élémentaire de droit administratif,* 12^e^ éd., 1930, p. 128 ; « Le pouvoir

la recevabilité du recours tout en restant fidèle à l'idée de délégation[3].

C'est finalement cette dernière solution qu'a retenue le Conseil d'État dans l'arrêt *Compagnie des chemins de fer de l'Est* rendu le 6 décembre 1907 où il admet pour la première fois le recours pour excès de pouvoir contre un règlement d'administration publique dans les termes suivants : « *Considérant que si les actes du chef de l'État portant règlements d'administration publique sont accomplis en vertu d'une délégation législative, ils n'échappent pas néanmoins, et en raison de ce qu'ils émanent d'une autorité administrative, au recours pour excès de pouvoir* »[4]. Ainsi donc le Conseil d'État considère les règlements d'administration publique comme des actes matériellement législatifs, puisque pris en vertu d'une délégation du législateur, mais organiquement administratifs puisqu'édictés par une autorité administrative. C'est donc le critère organique de l'auteur de l'acte qui l'emporte pour déterminer leur régime contentieux et cette jurisprudence préfigure évidemment celle qui sera retenue plus tard concernant les décrets-lois puis les ordonnances de l'article 38.

Mais la question de l'existence ou non d'une délégation en la matière reste cependant posée, la solution du Conseil d'État n'emportant pas sur ce point l'adhésion unanime. Il est, en effet, difficile de considérer le simple renvoi à des mesures d'exécution d'une loi comme une délégation législative. Le pouvoir d'exécution des lois n'est pas confié à l'exécutif par le législateur mais par le constituant lui-même qui indique expressément que le président de la République en 1875, le président du Conseil en 1946, ou le Premier ministre en 1958, « assure l'exécution des lois ». Effectivement, la jurisprudence comme la doctrine, ont toujours admis que, sur le seul fondement de cette disposition constitutionnelle, le chef de l'exécutif puisse spontanément, sans renvoi exprès du législateur, prendre des règlements d'application des lois[5]. Si l'autorité réglementaire peut prendre de tels actes sans solliciter d'invitation du législateur et dans le cadre d'une compétence directement attribuée

---

réglementaire du président de la République », *Rev. pol. et parl.* 1898, tome 15, p. 323 ; L. Duguit, *Traité de droit constitutionnel,* tome 1, 1927, 3e éd., Boccard, p. 1018 ; R. Carré de Malberg, *Contribution à la théorie générale de l'État,* Sirey, 1920-22, tome I, p. 630.

3. F. Moreau, *Le règlement administratif,* Paris, 1902, p. 291.

4. CE, 6 déc. 1907, *Compagnie des chemins de fer de l'Est*, *D.* 1909, III, p. 57, concl. Tardieu.

5. CE, févr. 1957, *Jockel*, *Rec.* 82.

par la constitution, c'est donc qu'il ne s'agit pas d'une délégation au sens strict du terme, qui suppose une habilitation constitutionnelle à déléguer suivie d'une délégation proprement dite. Lorsqu'une loi confie à un décret le soin de préciser ses modalités d'application elle n'attribue à l'autorité réglementaire aucune compétence qui ne lui appartienne déjà, elle se borne seulement à rappeler, sur son cas précis, une compétence générale qui appartient en propre à l'autorité exécutive en vertu de la constitution.

La preuve en est que la Constitution de 1946, qui voulait interdire les délégations législatives dans son article 13 (« L'Assemblée nationale vote seule la loi, elle ne peut déléguer ce droit ») confiait cependant le pouvoir d'exécution des lois au président du Conseil dans son article 47. Exécuter la loi, ce n'est pas légiférer. De nos jours le Conseil constitutionnel vérifie fréquemment, dans le cadre de sa jurisprudence dite de l'« incompétence négative », que le législateur se borne bien à renvoyer à l'autorité réglementaire les modalités d'application de ses lois, sans l'autoriser à légiférer à sa place.

Mais précisément, sous les républiques précédentes, le législateur avait tendance à permettre au gouvernement d'aller bien au-delà de la simple exécution des lois, et il s'est donc posé un sérieux problème de constitutionnalité de ces généreuses habilitations législatives.

## Section 2 La constitutionnalité des lois-cadres et des lois de pouvoirs spéciaux

La question des interventions de l'exécutif dans le domaine législatif et l'identification de ce domaine a, sans nul doute, constitué le poison du droit public sous les III^e et IV^e Républiques mais a cependant donné lieu à des débats doctrinaux d'une qualité remarquable.

En pratique, l'on distinguait deux types d'hypothèses mais qui soulevaient des questions identiques. La première était celle de la loi-cadre dans laquelle le législateur se borne à poser les principes directeurs d'une réforme en renvoyant le reste de son contenu à l'autorité exécutive. La seconde est celle de la loi de pouvoirs spéciaux ou de pleins pouvoirs dans laquelle le législateur confie une compétence d'intervention totale à l'exécutif dans un domaine en lui indiquant seulement le but à atteindre « nonobstant toutes dispositions législatives contraires », c'est-à-dire que l'exécutif se voit reconnaître expressément la possibilité de modifier ou d'abroger des lois en vigueur, sous réserve d'un contrôle parlementaire ultérieur par voie de ratification. Charles Eisenmann distinguait ces deux hypothèses en parlant de décrets-lois avoués et de décrets-lois dissimulés[6].

Il s'agit bien, dans les deux cas, d'une habilitation législative puisque la compétence ainsi accordée à l'autorité exécutive n'entre pas dans sa mission constitutionnelle d'exécution des lois et ne pourrait donc être exercée spontanément. Mais il reste à définir la nature de cette habilitation législative et à déterminer si elle est ou non conforme à la Constitution.

En effet, dans les lois constitutionnelles de 1875 et la Constitution de 1946, le domaine de la loi était illimité. La Constitution et les principes de la tradition républicaine réservaient certaines matières à la loi mais ne l'y cantonnaient pas, il n'était pas fait de répartition ni d'énumération des matières législatives et réglementaires. Deux conceptions étaient dès lors possibles : ou l'on considérait que le législateur était omni-compétent et ne pouvait laisser à l'exécutif que l'exécution des lois *stricto sensu*, c'est-à-dire le soin de prendre de règlements dérivés *secundum legem* et, dans ce cas, les lois-cadres et les lois de pouvoirs spéciaux étaient inconstitutionnelles ; ou alors l'on estimait que, hormis dans les matières réservées à la loi par la Constitution ou la tradition républicaine, le législateur était parfaitement libre d'accorder, d'attribuer à une autre autorité une compétence de réglementation qui ne lui était pas formellement réservée. Il ne s'agirait donc pas, dans ce cas, d'une délégation du pouvoir législatif mais d'une simple investiture directe de compétence parfaitement conforme à la Constitution puisque celle-ci n'a nullement entendu réserver ladite compétence au législateur. En revanche, dans les quelques matières réservées une telle habilitation s'analyserait en une délégation non autorisée de sa compétence par le législateur et serait donc inconstitutionnelle.

Cette dernière conception avait été défendue en termes différents par Duguit et Carré de Malberg qui admettaient donc la constitutionnalité du procédé pour les matières non réservées à la loi. C'est également ce raisonnement qu'a tenu le Conseil d'État dans

6. *Cours de droit administratif*, 1956-57, LGDJ, 1983, tome II, p. 45.

son avis du 6 février 1953 relatif aux décrets-lois[7]. Mais faute d'une juridiction constitutionnelle il était impossible d'en savoir plus en droit positif ni surtout de faire sanctionner, en tout état de cause, l'inconstitutionnalité éventuelle de ces lois. Le Conseil d'État, en effet, admettait les recours contre les décrets-lois non ratifiés mais se bornait à vérifier qu'ils respectaient la loi d'habilitation sans pouvoir remettre celle-ci en cause. L'écran législatif interdisait donc de sanctionner le décret-loi pris sur le fondement d'une éventuelle délégation irrégulière[8].

Carré de Malberg affirmait avec prémonition : « L'argument de M. Esmein (selon lequel un RAP ne pourrait rien contenir de plus qu'un décret d'exécution spontané) serait décisif si la constitution française avait distribué entre le parlement et le chef de l'exécutif les attributions soit législatives, soit réglementaires. En ce cas, il est certain que les chambres ne pourraient point prescrire au Président de réglementer des objets qui ne lui ont pas été rendus accessibles par un texte constitutionnel. Ce serait troubler l'ordre des compétences établi par la constitution et s'arroger un pouvoir constituant qui ne lui appartient pas »[9].

Comme c'est exactement à cette distribution que procède désormais la Constitution de la V$^{e}$ République, dans ses articles 34 et 37, il est clair que de telles lois cadres ou de pouvoirs spéciaux ne peuvent emprunter aujourd'hui que la voie de l'article 38 de la Constitution.

Il faut cependant constater qu'une loi renvoyant trop généreusement ses modalités d'application à un décret peut aujourd'hui encore passer au travers des mailles du Conseil constitutionnel si elle ne lui est pas déférée préventivement. Pour ce qui est du contrôle *a posteriori* le Conseil constitutionnel juge, en outre, que « la méconnaissance par le législateur de sa propre compétence ne peut être invoquée à l'appui d'une question prioritaire de constitutionnalité que dans le cas où est affecté un droit ou une liberté que la Constitution garantit »[10]. C'est donc la règle de fond affectée par la délégation illicite que le juge sanctionne plutôt que la carence elle-même.

---

7. *RDP* 1953, p. 170.
8. V. par ex, CE ass., 25 juin 1937, *Union des véhicules industriels*, *Rec.* 619 ; CE, 15 oct. 1965, *Union fédérale des magistrats et Reliquet*, *Rec.* 515.
9. *Contribution à la théorie générale de l'État*, tome I, Sirey, 1920-22, p. 599.
10. Cons. const., 18 juin 2010, n° 2010-5 QPC, *SNC Kimberly-Clark*.

Mais certaines habilitations de la IVe République sont encore en vigueur ainsi que les décrets qu'elles avaient autorisé le gouvernement à prendre de telle sorte que les gouvernements actuels peuvent encore les modifier et donc intervenir, le cas échéant, dans le domaine de la loi par ce biais. Le Conseil d'État considère, en effet, que les habilitations antérieures à la Constitution de 1958 n'ont en principe pas été rendues caduques par celles-ci et peuvent donc continuer d'être utilisées par l'autorité réglementaire[11].

Il convient cependant d'observer que la jurisprudence sur les abrogations implicites des habilitations législatives par la constitution s'est récemment obscurcie. Le juge administratif considérait en effet traditionnellement que « la répartition des matières qui sont du domaine de la loi et celles qui ont un caractère réglementaire, telle qu'elle résulte des articles 34 et 37 de la Constitution, est sans influence sur le pouvoir » que tire le gouvernement des habilitations législatives antérieures[12]. Le seul cas où le Conseil d'État ait admis l'abrogation implicite d'une loi d'habilitation antérieure par la Constitution de 1958 était celui, très particulier par sa généralité, de la loi André Marie du 17 août 1948 qui délégalisait officiellement un certain nombre de matières[13]. Toutefois, dans un arrêt récent concernant des compétences législatives rajoutées à l'article 34 par la révision constitutionnelle de 2005 relative à la Charte de l'environnement, le Conseil d'État a changé sa jurisprudence en considérant que cette révision avait implicitement abrogé des habilitations législatives antérieures et incompatibles[14]. L'arrêt est confus et les conclusions du rapporteur public ne permettent guère de comprendre les nouveaux critères jurisprudentiels. Toujours est-il que le Conseil constitutionnel a rajouté à la confusion en jugeant curieusement que l'incompétence négative ne peut être

11. J. Trémeau, *La réserve de loi – Compétence législative et Constitution*, Economica, 1997, p. 372 ; *La caducité des lois incompatibles avec la Constitution*, AIJC, 1990, vol. VI.

12. CE, 25 avr. 1969, *Société française d'alimentation saine*, *Rec.* 232 ; voir aussi : CE sect. 7 mai 1956, *Piquet*, *Rec.* 142 ; CE, ass., 27 mai 1960, *Lagaillarde*, *Rec.* 369 ; CE ass., 14 févr. 1964, *Haberstroh*, *Rec.* 105 ; CE, 20 oct. 1965, *Lambert*, *Rec.* 526, concl. Galabert ; CE, 12 déc. 1975, *Union nationale des fédérations d'organismes HLM*, *Rec.* 818 ; CE ass., 26 nov. 1976, *Soldani* ; CE sect., 7 mai 1986, *Syndicat hippique national*, *Rec.* 213.

13. CE, 10 mai 1972, *Fédération nationale des syndicats d'ingénieurs et assimilés des mines et des industries connexes*, *Rec.* 350.

14. CE, 24 juill. 2009, *Comité de recherche et d'information indépendante sur le génie génétique*, req. n° 305314 et 305315, *RFDA* 2009, n° 5, p. 970, concl. E. Geffray.

invoquée dans une QPC à l'encontre d'une disposition législative antérieure à la Constitution du 4 octobre 1958[15]. Cette solution paraît franchement obscure puisque le Conseil constitutionnel juge, en tout état de cause, que la QPC n'est recevable à l'encontre d'une incompétence négative que si celle-ci affecte un droit ou une liberté protégé et que la révision constitutionnelle de 2008 a délibérément écarté la restriction, initialement envisagée dans le projet de révision, des QPC aux lois postérieures à 1958[16]. Le Conseil d'État a ensuite ratifié cette jurisprudence du Conseil constitutionnel en s'abstenant de lui renvoyer la question de conformité à la Charte de l'environnement d'une habilitation législative antérieure à la révision de 2005[17].

Il semble donc résulter de cette évolution jurisprudentielle confuse que les lois d'habilitation antérieures à 1958, qui ne sont pas considérées par le Conseil d'État comme implicitement abrogées, ne peuvent en aucun cas être contestées au regard de l'incompétence négative devant le Conseil constitutionnel, de telle sorte qu'elles peuvent donc éventuellement être encore utilisées par le gouvernement.

---

15. Cons. const., 17 sept. 2010, n° 2010-28 QPC, *Association Sportive Football Club de Metz*; 3 déc. 2010, n° 2010-73 QPC, *Zeturf Limited.*

16. A.-M. Le Pourhiet, « QPC, démocratie et séparation des pouvoirs », *Constitutions*, 2011, n° 1, p. 47.

17. CE, 3 nov. 2010, n° 342502, *Mme Le Fur*, *AJDA* 2010, p. 2135 ; chron. Y. Aguila, *Constitutions*, 2011, n° 1, p. 113.

# CHAPITRE 1
# LE DOMAINE DE LA LOI ET DU RÈGLEMENT

Hormis le renforcement des pouvoirs présidentiels, la rationalisation de la procédure parlementaire et l'extension du référendum, les premiers commentateurs de la Constitution de 1958 ont vu dans celle-ci une quatrième innovation majeure présentée comme une véritable « révolution » juridique, inscrite dans les articles 34 et 37 du texte. Ceux-ci feraient désormais de la compétence législative l'exception et de la compétence réglementaire le droit commun, c'est-à-dire que le législateur n'aurait plus qu'une compétence d'attribution limitée.

Ces commentaires se fondaient sur l'article 34 de la Constitution qui énumère les domaines où la loi fixe les règles ou détermine les principes fondamentaux, tandis que l'article 37 indique que « les matières autres que celles qui sont du domaine de la loi ont un caractère réglementaire ».

Le schéma théorique est donc le suivant : dans les matières énumérées à l'article 34 il n'y aurait de place que pour les règlements d'application des lois, leur place étant simplement plus importante quand la loi détermine seulement les principes fondamentaux que lorsqu'elle fixe les règles; dans toutes les autres matières s'exercerait exclusivement un pouvoir réglementaire autonome. Enfin, toute intervention de l'exécutif dans le domaine de la loi nécessite désormais l'utilisation de la procédure de délégation désormais formellement inscrite à l'article 38.

Cette présentation initiale, qui a soulevé des tempêtes au début de la V$^{e}$ République, est cependant progressivement devenue obsolète sous l'influence de trois facteurs principaux : en premier lieu une lecture plus attentive et concrète de l'article 34, en second lieu une pratique politique très souple, en troisième lieu une jurisprudence du Conseil constitutionnel favorable à la compétence législative. Mais cette évolution suscite aujourd'hui des regrets et critiques.

## Section 1 Le texte constitutionnel

Les premiers commentateurs n'ont vu dans les articles 34 et 37 que le schéma global, l'articulation générale, pour en déduire que puisque le domaine législatif est désormais limitativement fixé « tout le reste » relève de l'autorité réglementaire. On aurait donc inversé le principe de répartition qui prévalait jusque-là. Mais ils ont sans doute insuffisamment lu l'article 34 car le domaine législatif qui y est décrit n'est nullement composé de matières carrées et bien délimitées mais plutôt de vastes champs de compétence très vagues et enchevêtrés, de telle sorte qu'il y a en réalité peu de dispositions normatives qui n'intéressent pas plus ou moins directement une ou plusieurs rubriques de la liste. On retrouve, en effet, dans l'article 34, tout ce qui relevait traditionnellement de la compétence parlementaire de telle sorte que, pour être limitative, la liste est en réalité peu limitée et la réduction des pouvoirs du parlement assez théorique.

## Section 2 La pratique politique

Compte tenu de la rédaction de l'article 34 les gouvernements se sont techniquement et politiquement trouvés gênés par ses dispositions.

D'une part, lorsque l'exécutif veut mener une réforme globale dans un domaine il serait souvent fastidieux et incertain de devoir disséquer systématiquement la réforme entre ce qui relève de la loi et ce qui relève du domaine réglementaire autonome. Il aurait aussi fallu, pour respecter scrupuleusement la répartition, délégaliser de nombreuses dispositions législatives antérieures à 1958 en recourant systématiquement à des décrets en Conseil d'État comme l'exige l'article 37 alinéa 2. Il semble donc préférable, plus rapide et plus simple, de mettre l'ensemble de la réforme dans un projet de loi renvoyant ses modalités à des décrets d'application. De plus, un écartèlement systématique d'une réforme entre une loi et un ou des décret(s) autonome(s) peut nuire à sa cohérence, à sa qualité et à sa visibilité. Il en résulte que l'exécutif met dans ses projets de loi ou laisse passer dans des propositions de lois ou des amendements de nombreuses dispositions qui, au regard d'une application stricte des articles 34 et 37 auraient dû être inscrites dans des décrets, autonomes ou d'application. Techniquement donc le strict respect de la répartition constitutionnelle s'est révélé difficile[18].

Politiquement il arrive aussi que l'exécutif préfère recourir délibérément à la voie législative pour donner plus de poids, de solennité et de légitimité démocratique à une réforme symbolique. C'est donc ainsi le sacre de la loi qui est recherché alors qu'un décret aurait normalement suffi. Par exemple, en 1975, le Centre Georges Pompidou a été créé par une loi pour rendre un hommage solennel au président défunt et aussi marquer l'originalité de ce musée alors pourtant qu'il s'agit d'un établissement public culturel entrant dans une catégorie existante et dont la création relevait donc juridiquement du domaine réglementaire[19]. De la même façon, la loi de 1992 relative à l'administration territoriale de la République contient une première partie consacrée à l'organisation des services de l'État alors que ces règles n'entrent pas dans le champ de l'article 34. Mais là encore, il s'agit de marquer solennellement la volonté de réforme administrative globale et surtout le lien indispensable entre la déconcentration et la décentralisation en consacrant les deux aspects dans un même texte[20].

Mais le sacre législatif est aussi un sacre médiatique et s'inscrit dans la politique de communication des gouvernements[21]. La « cérémonie » parlementaire est adaptée au besoin des gouvernements contemporains de répondre aux attentes de ce que l'on appelle « l'opinion ». La symbolique législative est recherchée pour communiquer, notamment sur les sujets émotionnels et compassionnels auxquels les décideurs ont tendance à répondre systématiquement par l'annonce immédiate du dépôt d'un projet de loi. La procédure législative est aussi la seule voie accessible aux parlementaires qui veulent satisfaire les demandes véhiculées par le *lobbying* de leurs différentes clientèles. La disposition de la loi de 2005 sur les aspects positifs de la présence française Outre-mer en constitue l'exemple type puisqu'elle est issue d'un amendement parlementaire et qu'elle a, suite aux protestations provoquées, été

18. B. Mathieu, « La part de la loi, la part du règlement – De la limitation de la compétence réglementaire à la limitation de la compétence législative », *Pouvoirs* 2005, « La loi », n° 114, p. 73.
19. Loi n° 75-1 du 3 janvier 1975 portant création du Centre national et de culture Georges Pompidou.
20. Loi n° 92-125 du 6 février 1992 relative à l'administration territoriale de la République.
21. *Pouvoirs* 2005, n° 114, « La loi », notamment les contributions du G. Carcassonne, G. Hispalis et P. Avril.

soumise par le gouvernement à la procédure de délégalisation de l'article 37, alinéa 2 afin d'être ensuite abrogée par décret[22].

Des considérations aussi bien techniques que politiques y compris clientélistes font donc que le gouvernement n'attache pas une importance considérable à cette répartition. Raymond Janot, commissaire du gouvernement durant les débats constitutionnels, a d'ailleurs rappelé dans des colloques que les rédacteurs de la Constitution avaient rédigé ces articles un peu vite et se sont ensuite étonnés des commentaires savants qui en ont été faits.

Mais surtout, il faut se rappeler que la Constitution de 1958 a été rédigée dans une conjoncture politique telle que les gouvernements n'avaient pas de majorité stable à la chambre basse et donc que la séparation des compétences entre l'exécutif et le législatif avait une importance stratégique. Or, à partir de 1962, le fait majoritaire a permis aux gouvernements successifs de faire adopter les lois qu'ils souhaitaient au parlement sans avoir besoin de sauvegarder jalousement leur compétence réglementaire. Dès lors le législateur n'est plus autre chose que le gouvernement lui-même suivi par une majorité fidèle. Ce contexte de fusion entre l'exécutif et le parlement fait perdre à la répartition des articles 34 et 37 son utilité politique.

## Section 3 La jurisprudence du Conseil constitutionnel

Considéré au départ comme un « canon braqué sur le parlement » destiné à contenir celui-ci dans les limites où la Constitution l'avait cantonné, le Conseil constitutionnel n'a, en réalité, cessé d'interpréter le plus largement possible la compétence législative en procédant de deux façons. D'une part, il a indiqué que l'article 34 n'est pas la seule source de compétence du législateur et qu'il faut aussi se référer à d'autres dispositions constitutionnelles. D'autre part, il a décidé, à partir de 1982, que le législateur ne commet pas un excès de pouvoir inconstitutionnel en empiétant sur le domaine réglementaire. Il en résulte une protection à sens unique puisque si le législateur peut librement intervenir dans le domaine réglementaire, l'autorité

22. Loi n° 2005-158 du 23 février 2005 portant reconnaissance de la Nation et contribution nationale en faveur des rapatriés ; Cons. const., n° 2006-203 L, 31 janvier 2006.

réglementaire se voit en revanche scrupuleusement interdire l'accès aux matières législatives. L'on aboutit donc en définitive au résultat inverse de celui que l'on avait escompté en 1958, même si le Conseil d'État a manifesté quelques réticences et si le Conseil constitutionnel semble exprimer aujourd'hui des regrets.

## § 1. LES SOURCES DU DOMAINE LÉGISLATIF

Confronté aux problèmes de répartition des compétences, le Conseil constitutionnel a d'abord jugé que l'article 34 n'est pas la seule source du domaine de la loi et qu'il convient aussi d'en rechercher d'éventuels compléments dans les autres normes à valeur constitutionnelle.

D'autres articles de la Constitution de 1958 font effectivement aussi appel à la loi, soit qu'ils recoupent et chevauchent une rubrique de l'article 34, soit qu'ils ajoutent des compétences à celles qui y sont mentionnées. Par exemple, l'article 72 reprend les dispositions de l'article 34 sur la libre administration des collectivités territoriales tandis que l'article 35 ajoute la déclaration de guerre et l'autorisation de prolonger les interventions militaires ou que l'article 36 prévoit aussi l'autorisation législative de proroger l'état de siège et l'article 53 celle de ratifier les traités. Les révisions constitutionnelles de 2003, 2005 et 2008 ont aussi prévu de nouvelles interventions précises du législateur, par exemple en matière de référendum local (article 72-1), de péréquation entre les collectivités territoriales (article 72-2), d'environnement (Charte de l'environnement) ou de nomination aux emplois publics (article 13, alinéa 5).

Mais surtout, à partir du moment où le Conseil constitutionnel a décidé, en 1971, de donner pleine valeur juridique au préambule il a trouvé dans la Déclaration des droits de l'homme et du citoyen de 1789, qui constitue un véritable « hymne à la loi » et renvoie à celle-ci le soin de fixer toutes les conditions d'exercice et les limites des libertés qu'elle consacre, une source importante d'extension de la compétence législative.

L'exemple le plus révélateur de cette extension fût celui des contraventions pénales. L'article 34 ne place dans les matières législatives que la fixation des règles concernant la détermination des crimes et délits et des peines qui leur sont applicables, rejetant donc toutes les contraventions dans le domaine réglementaire. Mais l'article 7 de la Déclaration de 1789 indique que nul homme ne peut être « détenu que dans les cas déterminés par la loi », tandis que l'article 66 de la Constitution dispose aussi « Nul ne peut être arbitrairement détenu. L'autorité judiciaire, gardienne de la liberté individuelle, assure le respect de ce principe dans les conditions prévues par la loi ». En se référant à ces dispositions le Conseil constitutionnel a jugé que les contraventions, dès lors qu'elles sont punies d'une peine d'emprisonnement et pas seulement d'amende, relèvent aussi du domaine législatif. On voit ainsi qu'en se tournant vers d'autres sources que l'article 34 le Conseil est parvenu à étendre le domaine de la loi.

En outre, comme le Conseil d'État l'a aussi fait de son côté, le Conseil constitutionnel a ignoré la différence de l'article 34 entre fixation des règles et détermination des principes fondamentaux pour admettre le même degré de compétence législative et donc de compétence réglementaire d'exécution dans les deux cas[23].

## § 2. LA DÉCISION *BLOCAGE DES PRIX*

La Constitution de 1958 a instauré deux mécanismes de protection du domaine réglementaire contre les incursions du législateur. L'un, préventif, est celui de l'article 41 qui permet au gouvernement et, depuis 2008, au président de l'assemblée concernée, au cours de la procédure législative, d'opposer l'irrecevabilité d'une proposition ou d'un amendement qui relèverait du domaine réglementaire. En cas de désaccord le Conseil constitutionnel est saisi soit par le gouvernement soit par le président de l'assemblée et statue dans les huit jours. L'autre, curatif, est prévu par l'article 37, alinéa 2 et permet au gouvernement de faire délégaliser *a posteriori* par le Conseil constitutionnel une disposition intervenue en matière réglementaire. Un avis du Conseil d'État suffit si la disposition est antérieure à 1958.

Mais, en plus de ces deux procédures, le Conseil constitutionnel acceptait, avant 1982, que l'on puisse contester dans le cadre de la procédure de l'article 61, la conformité à la Constitution d'une disposition législative intervenue en matière réglementaire. En d'autres termes il jugeait qu'une telle disposition était contraire à la Constitution. Et c'est sur cette jurisprudence qu'il revient en 1982, dans sa

23. B. MATHIEU, précité.

décision dite *Blocage des prix* en jugeant que les articles 41 et 37, alinéa 2 ont simplement entendu conférer au gouvernement la faculté de s'opposer à ou de rectifier une incursion parlementaire dans le domaine du règlement, mais qu'une loi votée dans ce domaine n'est pas pour autant contraire à la Constitution[24].

Ce revirement s'explique par deux facteurs. En premier lieu, ayant pris l'habitude de statuer ultra-petita, le Conseil constitutionnel se devait en principe de relever lui-même d'office les dispositions de nature réglementaires contenues dans les lois qu'il fallait dès lors passer fastidieusement au peigne fin. Ensuite, à partir de 1981, l'opposition parlementaire s'est mise à saisir systématiquement le Conseil constitutionnel en allant jusqu'à lui demander de censurer les extensions de compétence législative, c'est-à-dire que les parlementaires, faisant feu de tout bois, en arrivaient à diriger ainsi le canon contre eux-mêmes.

On comprend que le Conseil ait finalement estimé que si le gouvernement et les parlementaires étaient d'accord pour laisser passer des dispositions de nature réglementaire dans une loi, il n'avait pas à les censurer. Le principe démocratique de la supériorité de la loi sur le règlement a aussi facilité ce revirement : s'il convient, pour des raisons démocratiques, de protéger la compétence des élus du peuple en censurant l'acte administratif qui s'immisce dans le domaine de la loi, l'inverse n'est pas vrai.

Ainsi donc la décision *Blocage des prix* a ramené à la situation antérieure à 1958 : le législateur peut de nouveau tout faire tandis que l'autorité réglementaire est cantonnée et surveillée. La révolution annoncée n'a donc pas eu lieu et a même eu ce résultat paradoxal que le canon s'est retourné contre le règlement puisque si le Conseil laisse la loi divaguer dans le domaine réglementaire, il lui interdit en revanche, par sa jurisprudence dite de l'incompétence négative, de permettre au règlement de piétiner le domaine législatif.

Le Conseil d'État, cependant, ne semble pas abandonner la garantie du domaine réglementaire. D'une part il lui est arrivé de rédiger des décisions invoquant péremptoirement l'existence d'un pouvoir réglementaire autonome lorsqu'il était pourtant douteux[25], d'autre part il a rendu, dans un contexte particulier, une décision qui semble directement contraire à la jurisprudence du Conseil

24. Cons. const., nº 82-143 DC, 30 juill. 1982, *Loi sur les prix et les revenus.*
25. CE, 8 févr. 1985, *Association des centres distributeurs Edouard Leclerc et autres, Rec.* 25.

constitutionnel. En effet dans un arrêt du 3 décembre 2009, le Conseil d'État décide que le refus du Premier ministre de mettre en œuvre la procédure de l'article 37 alinéa 2 pour faire délégaliser puis modifier une disposition législative contraire au droit européen n'est pas un acte de gouvernement mais un acte administratif puisqu'il « se rattache à l'exercice du pouvoir réglementaire »[26]. Si le Conseil d'État se reconnaît donc compétent pour examiner le recours, il juge finalement que le Premier ministre disposait d'un « large pouvoir d'appréciation quant à, notamment, la détermination de la date et de la procédure appropriées pour parvenir à cette fin » et considère qu'il n'a pas, en l'espèce manifestement excédé le délai nécessaire pour procéder à la régularisation. Le Conseil d'État considère donc implicitement que, passé un certain délai, le Premier ministre est tenu de procéder à la délégalisation pour abroger par décret une loi contraire au droit communautaire et intervenue dans le domaine réglementaire alors que le Conseil constitutionnel juge que c'est une simple faculté. Le commissaire du gouvernement Lamy fait dans ses conclusions, une distinction peu convaincante entre l'invocation de l'irrecevabilité de l'article 41, qui demeure un acte de gouvernement, et le recours à la délégalisation de l'article 37 alinéa 2 qui n'en serait pas un. On voit mal pourquoi le gouvernement serait libre de ne pas s'opposer préventivement à l'intervention du Parlement dans le domaine réglementaire mais serait ensuite tenu de faire délégaliser la disposition en cause. Cela revient à dire que sa compétence préventive est discrétionnaire tandis que sa compétence curative est liée. Il semble que le Conseil d'État soit allé un peu loin dans cet arrêt et qu'il ait voulu montrer qu'il est un juge constitutionnel concurrent de son voisin mais surtout un juge européen très activiste.

Le Conseil constitutionnel ne semble pas avoir voulu se ranger à cette solution puisqu'il a rappelé, dans une décision rendue le 16 décembre 1999 (soit quelques jours plus tard) en matière de codification, la « possibilité » reconnue au gouvernement d'utiliser l'article 37 alinéa 2 tout en ajoutant qu'il est « loisible » au législateur d'abroger lui-même des dispositions de nature réglementaire figurant dans les textes législatifs[27]. Il précise également qu'en vertu d'une habilitation de l'article 38 de la Constitution « le gou-

26. CE sect., 3 décembre 1999, *Association ornithologique et mammalogique de Saône et Loire et Association France Nature environnement*, concl. LAMY, *Rec.* 379, *GAJA*, n° 105.

27. Cons. const., n° 99-421 DC, 16 déc. 1999, *Codification par ordonnance.*

vernement n'est pas davantage tenu » de procéder à cette abrogation. C'est donc clair, le gouvernement n'est tenu d'utiliser aucune procédure à sa disposition pour abroger ou modifier un texte législatif intervenu en matière réglementaire.

Néanmoins, cette jurisprudence constitutionnelle compréhensive semble avoir provoqué quelques regrets.

## § 3. LE TEMPS DES REGRETS

Devant l'aggravation de la malfaçon et de l'inflation législatives, et sous l'influence du président Pierre Mazeaud qui vitupérait déjà, lorsqu'il présidait la commission des lois de l'Assemblée nationale, contre l'intrusion du législateur dans les moindres détails de la réglementation, le Conseil constitutionnel semble avoir amorcé un nouveau virage dans sa décision du 21 avril 2005 relative à la loi sur l'avenir de l'école dite « loi Fillon »[28]. Il a en effet, dans cette décision, d'une part censuré des dispositions législatives dépourvues de tout caractère normatif, dites « neutrons législatifs », d'autre part « déclaré » que certaines dispositions de la loi avaient une nature réglementaire. Sans doute n'a-t-il pas censuré ces dernières dispositions en revenant ouvertement sur sa jurisprudence *Blocage des prix*, mais il n'en demeure pas moins que cette simple déclaration, introduite dans le dispositif de sa décision, marque une volonté de hausser le ton sur les débordements législatifs. Ce faisant le Conseil commet cependant lui-même un excès de pouvoir juridictionnel car l'article 61 ne lui permet aucunement de procéder à des déclarations de ce type qui constituent aussi, à leur façon, des « neutrons jurisprudentiels ». Seule la procédure de l'article 37, alinéa 2 lui donne cette compétence de constatation. On a donc ainsi l'impression d'une certaine gesticulation peu cohérente du Conseil constitutionnel qui, tout à la fois, interprète largement le domaine de la loi, le protège contre les intrusions de l'exécutif et laisse le législateur sortir de son lit avant de se raviser maladroitement.

La révision de 2008 n'a pas apporté de nouveautés sur ces questions si ce n'est qu'elle a rajouté de nouvelles rubriques dans l'article 34 et de nouveaux chefs de compétence législative tout en permettant aux présidents des assemblées de soulever aussi l'irrecevabilité de l'article 41.

28. Cons. const., nº 2005-512 DC, 21 avr. 2005.

La répartition des compétences normatives issue des articles 34 et 37 de la Constitution de 1958 aurait logiquement dû, dans le schéma initial, conférer à la procédure de délégation de l'article 38 un caractère exceptionnel. Concentré sur un champ de compétences plus strictement défini, le législateur ne devrait guère éprouver désormais le besoin de se décharger de sa tâche sur l'autorité exécutive. Là encore, la réalité s'est progressivement fort éloignée de l'idée d'origine.

# CHAPITRE 2
# LES CONDITIONS DE LA DÉLÉGATION DE L'ARTICLE 38

Selon l'article 38 de la Constitution :

« *Le gouvernement peut, pour l'exécution de son programme, demander au parlement l'autorisation de prendre par ordonnances, pendant un délai limité, des mesures qui sont normalement du domaine de la loi.*

*Les ordonnances sont prises en conseil des ministres après avis du Conseil d'État. Elles entrent en vigueur dès leur publication mais deviennent caduques si le projet de loi de ratification n'est pas déposé devant le Parlement avant la date fixée par la loi d'habilitation. Elles ne peuvent être ratifiées que de manière expresse.*

*À l'expiration du délai mentionné au premier alinéa du présent article, les ordonnances ne peuvent plus être modifiées que par la loi dans les matières qui sont du domaine législatif* ».

Deux grandes séries de questions se posent donc concernant respectivement l'initiative de la délégation et son régime juridique.

## Section 1 L'initiative de la délégation

La procédure de l'article 38 est une procédure d'autorisation accordée par le parlement au gouvernement sur demande de celui-ci. Tel qu'est rédigé l'article 38 le gouvernement a le monopole de l'initiative de l'habilitation et le parlement ne pourrait donc pas spontanément, à partir d'une proposition de loi ou d'un amendement législatif, déléguer de son propre chef une compétence législative. Comme pour les lois de finances ou de financement de la sécurité sociale, c'est donc au gouvernement qu'il appartient de déposer un projet de loi d'habilitation devant le bureau des assemblées. La pratique montre toutefois qu'il peut s'agir soit d'un projet de loi ayant pour seule finalité d'habiliter le gouvernement à prendre des ordonnances, auquel cas le titre du projet de loi le mentionne expressément, soit d'un projet de loi ordinaire relatif à une matière quelconque et qui comporte un ou des articles d'habilitation, parfois réunis dans un chapitre spécial du texte, mais parfois aussi disséminés dans les articles de celui-ci de telle sorte qu'il devient difficile de repérer et recenser les habilitations. Quelle que soit la forme retenue, l'article 11 de la loi organique du 15 avril 2009 relative à l'application des articles 34-1, 39 et 44 de la Constitution, dans leur rédaction issue de la révision constitutionnelle de 2008, prescrit désormais d'accompagner le dépôt des projets de loi d'habilitation d'une étude d'impact aussi complète que celle des projets de loi ordinaires.

L'on s'est interrogé sur le point de savoir si cette exclusivité de l'initiative gouvernementale allait jusqu'à interdire les propositions et amendements parlementaires tendant à étendre le champ de l'habilitation initialement demandée par le gouvernement. La réponse est *a priori* positive : les amendements parlementaires étendant l'habilitation sont contraires à l'article 38 qui réserve l'initiative au gouvernement. Il est cependant plusieurs fois arrivé au Conseil constitutionnel de laisser passer des amendements parlementaires d'extension de l'habilitation[1]. Il s'est décidé à censurer une telle pratique dans une décision nº 2004-510 DC du 20 janvier 2005 en invalidant d'office l'autorisation, issue d'une proposition de loi, d'étendre par ordonnance une législation outre-mer au motif que « seul le gouvernement » pouvait demander cette autorisation au parlement[2]. L'on relève toutefois qu'il s'est de nouveau abstenu de censurer d'office cette pratique dans des décisions ultérieures[3]. Il est vrai qu'il est peut-être difficile de scanner tous les travaux parlementaires pour vérifier que les habilitations disséminées dans la loi déférée résultent bien d'une initiative gouvernementale. Mais généralement le risque d'inconstitutionnalité est contourné en ce sens que les amendements d'extension de l'habilitation proposés par des parlementaires sont repris à son compte par le gouvernement. Le Conseil constitutionnel a, en effet, jugé que l'autorisation de prendre des ordonnances pouvait résulter d'un amendement

1. Par ex., Cons. const., nº 2003-473 DC, 26 juin 2003, *Simplification du droit*; Cons. const., nº 2003-1119, 26 nov. 2003, *Maîtrise de l'immigration.*

2. Cons. const., nº 2004-510 DC, *Loi relative aux compétences des tribunaux d'instance, des juges de proximité et des TGI.*

3. Par ex., Cons. const., 7 juill. 2005, nº 2005-516 DC, *Loi de programme sur la politique énergétique*; Cons. const., 29 juill. 2005, nº 2005-523 DC, *Loi en faveur des petites et moyennes entreprises.*

gouvernemental qui peut même être déposé devant la seconde assemblée saisie « fût-ce immédiatement avant la réunion de la commission mixte paritaire »[4].

## Section 2 Le régime de l'habilitation

Le projet de loi d'habilitation doit être adopté par le parlement qui peut le rejeter ou l'amender (§1) tandis que le Conseil constitutionnel exerce, lorsqu'il est saisi, un contrôle relativement sévère sur la loi d'habilitation (§2).

### § 1. LES POUVOIRS DU PARLEMENT

Hormis la question de l'initiative, le parlement dispose, à l'égard du projet de loi d'habilitation, de tous ses pouvoirs législatifs habituels, tandis que le gouvernement, s'agissant d'une loi ordinaire, détient la panoplie des outils du parlementarisme rationalisé : vote bloqué, irrecevabilité des articles 40 et 41, procédure accélérée, dernier mot à l'Assemblée nationale et, le cas échéant, article 49, §3. Le parlement peut rejeter le projet de loi d'habilitation ou l'amender.

#### A. LE REJET

Bien entendu, le parlement pourrait tout d'abord refuser de voter une habilitation. Nombreux sont les parlementaires qui, à l'occasion d'un débat d'habilitation ont protesté contre l'usage de l'article 38. C'est ainsi à l'occasion du vote de la loi du 22 janvier 1967 autorisant à prendre des ordonnances dans le domaine économique et social que Valéry Giscard d'Estaing avait dénoncé « l'exercice solitaire du pouvoir » par le général de Gaulle. En 1985, au sujet de la loi d'habilitation concernant l'évolution de la Nouvelle-Calédonie, le sénateur Étienne Dailly s'était écrié : « Nous sommes là pour légiférer, nous n'avons aucune raison de déléguer nos pouvoirs, vous pouvez faire n'importe quoi avec les

4. Cons. const., 16 mars 2006, n° 2006-534 DC, *Loi relative au retour à l'emploi.*

ordonnances ! ». Lors du débat sur la loi d'habilitation du 3 janvier 2001 autorisant le gouvernement à transposer par ordonnances une cinquantaine de directives européennes concernant la santé, le droit du travail, les mutuelles, l'environnement et la consommation, les parlementaires communistes, verts, ainsi que ceux du Mouvement des citoyens et des partis de droite avaient également vivement dénoncé la confiscation du débat démocratique sur des textes équivalant à un an de travail législatif. L'opposition s'est aussi bruyamment manifestée en juillet 2005 au sujet de l'habilitation à prendre des mesures d'urgence pour l'emploi. En novembre 2005 le débat sur l'habilitation à modifier le Code rural par ordonnances a encore suscité des accusations de « déni du rôle du parlement » ou de réduction de son rôle « comme peau de chagrin ». Lors des débats parlementaires sur la révision constitutionnelle de 2008, certains parlementaires ont déposé des amendements tendant, soit à supprimer purement et simplement l'article 38[5], soit à exclure son application dans le domaine des garanties fondamentales des libertés publiques[6]. Le recours excessif aux ordonnances est aussi régulièrement dénoncé par la doctrine[7].

Cependant, malgré les protestations, jamais encore le parlement n'a repoussé une demande d'habilitation. Tous les projets de loi déposés sous la Ve République ont été adoptés, au besoin en utilisant l'artillerie du parlementarisme rationalisé. La loi du 30 décembre 1995 autorisant le gouvernement à réformer la protection sociale par ordonnance, sur laquelle deux mille huit cents amendements avaient été déposés, a ainsi été obtenue selon une procédure cavalière minutieusement décrite et validée par le Conseil constitutionnel dans sa décision n° 95-370 du 30 décembre 1995 :

« *Considérant que les députés, auteurs de la première saisine, soutiennent, en premier lieu, que la procédure législative utilisée a empêché que la loi déférée soit adoptée à l'issue d'un réel débat parlementaire ; qu'ils contestent, en particulier, en deuxième lieu, les conditions de mise en œuvre de l'article 49 alinéa 3 de la Consti-*

---

5. Amendement n° 195 déposé au Sénat par Mmes BORVO COHEN-SEAT, MATHON-POINAT et les membres du groupe communiste, républicain et citoyen, séance du 23 juin 2008.

6. Amendement n° 462 présenté au Sénat par M.M. FRIMAT, BADINTER, BEL, COLLOMBAT, DREYFUS-SCHMIDT, GAUTIER, PEYRONNET, SUEUR, YUNG et les membres du groupe socialiste, apparentés et rattachés.

7. Notamment, Y. GAUDEMET, « Sur l'abus ou sur quelques abus de la législation déléguée », *in Mélanges en l'honneur de Pierre Pactet*, Dalloz, 2003, p. 617 ; « La loi administrative », *RDP* 2005, n° 1, p. 65.

*tution et, en troisième lieu, le recours à la procédure de la question préalable ;*

*Considérant qu'au soutien du premier grief, les députés font valoir que le Gouvernement, pour obtenir l'adoption de la loi déférée, a eu recours successivement à la déclaration d'urgence prévue par l'article 45 de la Constitution et, devant l'Assemblée nationale, à la procédure d'engagement de la responsabilité gouvernementale sur le vote d'un texte, prévue par l'article 49, alinéa 3 de la Constitution; qu'ils font également valoir que la question préalable a ensuite été votée par le Sénat, ce qui a eu pour effet de dessaisir cette assemblée de son pouvoir de délibération; qu'ils relèvent, enfin, que la date initialement fixée pour la tenue de la commission mixte paritaire a été avancée sans motif et, notamment, sans aucune justification d'urgence; qu'ils considèrent que, si chacune de ces procédures ne peut être regardée, prise isolément, comme inconstitutionnelle, en revanche, leur accumulation a eu pour effet de priver de portée la disposition de l'article 34 de la Constitution selon laquelle «la loi est votée par le Parlement», et a ainsi entaché d'irrégularité la procédure d'adoption de la loi; considérant qu'au soutien du deuxième grief, ils allèguent que le Conseil des ministres n'aurait pas délibéré avant que le Premier ministre engage la responsabilité du Gouvernement; considérant qu'ils font valoir, enfin, à l'appui de leur troisième grief, qu'aucune condition particulière n'a pu justifier le recours à la procédure de la question préalable sur un texte qui avait l'accord de la majorité du Sénat; considérant que les sénateurs, auteurs de la seconde saisine, faisant leurs les moyens et arguments développés dans la première saisine, soutiennent à titre principal que la procédure d'adoption de la loi présentement examinée a privé les sénateurs du droit d'amendement en méconnaissance du premier alinéa de l'article 44 de la Constitution et a, par ailleurs, violé le premier alinéa de l'article 45, aux termes duquel «tout projet de loi est examiné successivement dans les deux assemblées du Parlement en vue de l'adoption d'un texte identique» ;*

*En ce qui concerne l'application de l'article 49 alinéa 3 de la Constitution : considérant qu'il ressort de la production d'un extrait de relevé de décisions du Conseil des ministres, que celui-ci a délibéré, au cours de sa réunion du 6 décembre 1995, de l'engagement de la responsabilité du Gouvernement sur le projet de loi autorisant celui-ci à réformer la protection sociale; qu'ainsi la condition posée par la Constitution pour la mise en œuvre, s'agissant de l'examen de ce texte, de l'article 49, alinéa 3 de la Constitution a été respectée ;*

*En ce qui concerne l'usage de la procédure de la question préalable au Sénat : considérant que l'alinéa 3 de l'article 44 du règlement du Sénat, dans sa rédaction issue d'une résolution du 18 décembre 1991, dispose que la question préalable a pour objet «de faire décider, soit que le Sénat s'oppose à l'ensemble du texte, soit qu'il n'y a pas lieu de poursuivre la délibération» et que son vote, qui intervient après un débat limité, organisé suivant les modalités précisées à l'alinéa 8 du même article, a pour effet, en cas d'adoption de la question préalable, «d'entraîner le rejet du texte auquel elle s'applique»; considérant que le projet de loi autorisant le Gouvernement, par application de l'article 38 de la Constitution, à réformer la protection sociale, a, après déclaration d'urgence par le Gouvernement, été considéré comme adopté en première lecture par l'Assemblée nationale, le 12 décembre 1995; que le texte ainsi adopté a été transmis au Sénat où un nombre élevé d'amendements, soit plus de 2 800, ont été déposés; que le lendemain du jour où la discussion générale s'est ouverte, à l'issue d'une réunion de la commission des affaires sociales, le président de ladite commission a déposé, au nom de celle-ci, une question préalable dans des conditions qui faisaient clairement apparaître que son vote était souhaité non pas pour marquer une opposition de fond au texte, mais pour mettre fin au débat ouvert au Sénat en vue d'accélérer la procédure d'adoption de ce texte par le Parlement; qu'après le vote de cette question préalable, le Gouvernement a provoqué la réunion d'une commission mixte paritaire, en application des dispositions du deuxième alinéa de l'article 45 de la Constitution; qu'en application du troisième alinéa de cet article, qui prévoit qu'aucun amendement n'est à ce stade recevable, sauf accord du Gouvernement, le texte proposé par la commission mixte paritaire a été adopté par l'Assemblée nationale, le 19 décembre 1995, puis par le Sénat le 20 décembre; considérant que le bon déroulement du débat démocratique et, partant, le bon fonctionnement des pouvoirs publics constitutionnels, supposent que soit pleinement respecté le droit d'amendement conféré aux parlementaires par l'article 44 de la Constitution, et que, parlementaires comme Gouvernement puissent utiliser sans entrave les procédures mises à leur disposition à ces fins; considérant que cette double exigence implique qu'il ne soit pas fait un usage manifestement excessif de ces droits; considérant que dans les conditions où elle est intervenue, l'adoption de la question préalable n'entache pas d'inconstitutionnalité la loi déférée;*

*En ce qui concerne les conditions générales d'adoption de la loi : considérant que la circonstance que plusieurs procédures aient été utilisées cumulativement, sans être contraires à la Constitution, pour accélérer l'examen de la loi dont s'agit, n'est pas à elle seule de nature à rendre inconstitutionnelle l'ensemble de la procédure législative ayant conduit à l'adoption de cette loi ; que dès lors le grief invoqué ne peut être accueilli* ».

S'agissant d'un projet de loi tendant à obtenir un transfert de compétence législative, l'on comprend bien qu'un tel effet d'accumulation ait pu heurter les scrupules démocratiques.

## B. L'AMENDEMENT

À défaut de refuser l'habilitation, les parlementaires peuvent donc, au moins, essayer de la contenir et de la limiter, tant en ce qui concerne sa durée que son objet et son étendue.

### 1. *La durée*

La durée de l'habilitation, au terme de laquelle le gouvernement ne peut plus prendre d'ordonnances et celles-ci ne peuvent plus être modifiées que par des lois dans les matières législatives, est variable en pratique selon l'objet de la délégation. Elle s'échelonne en général d'un mois à trois ans avec une nette majorité située entre six et douze mois. Le gouvernement peut cependant toujours demander une nouvelle habilitation à l'issue de la précédente. Il a ainsi, par exemple, bénéficié de trois habilitations successives pour l'application du droit à Mayotte, les 2 janvier, 5 février et 11 décembre 1996. Plus récemment des prolongations d'habilitation ont également été fréquemment votées en matière de codification ou de transposition de directives européennes.

Le Conseil constitutionnel n'a jamais évoqué la question mais l'on peut penser qu'il réagirait face à une durée excessive en jugeant qu'elle ne serait pas nécessaire à l'exécution du programme gouvernemental ou constituerait une atteinte disproportionnée aux prérogatives du parlement. Durant les débats sur la révision constitutionnelle de 2008 un amendement a été déposé tendant à limiter systématiquement à six mois maximum le délai d'habilitation, tout en permettant au gouvernement d'inscrire par priorité les projets de lois de ratification à l'ordre du jour des assemblées[8]. Il n'a cependant pas été adopté.

8. Amendement n° 70 déposé au Sénat par MM. Portelli, Gélard et Lecerf, Mme Henneron, MM. Béteille et Richemont.

Rien n'interdit au parlement d'accorder une délégation dont la durée expire après le mandat de la législature mais il peut aussi, comme ce fût le cas dans la loi d'habilitation du 4 février 1960 sur l'Algérie, indiquer que l'habilitation sera caduque en cas de dissolution de l'Assemblée nationale.

Si donc l'habilitation survit aux assemblées qui l'ont votée, les termes de l'article 38, indiquant que le gouvernement demande l'habilitation pour l'exécution de « son » programme, pourraient conduire à exiger que seul le gouvernement en place soit habilité et que sa démission entraîne la caducité de la délégation qui ne devrait pas pouvoir être utilisée par le gouvernement suivant. Ce n'est pourtant pas l'interprétation retenue en pratique car il est fréquemment arrivé qu'un gouvernement habilité soit changé ou remanié et que son successeur continue d'utiliser l'habilitation jusqu'à son terme. Le Conseil d'État a validé cette pratique constante, dans un arrêt de 2006, au sujet d'une ordonnance prise par le gouvernement Villepin en application d'une autorisation précédemment accordée au gouvernement Raffarin[9]. Il a jugé que « *sous réserve de précisions contraires apportées par la loi d'habilitation l'autorisation donnée par le Parlement produit effet jusqu'au terme prévu par cette loi, sauf si une loi ultérieure en dispose autrement, sans qu'y fasse obstacle la circonstance que le Gouvernement en fonction à la date de l'entrée en vigueur de la loi d'habilitation diffère de celui en fonction à la date de signature d'une ordonnance* ».

Certains ont proposé d'effectuer une distinction entre les habilitations « politiques » demandées par le gouvernement pour adopter des réformes majeures effectivement liées à son programme politique qui seraient donc « personnelles » et les habilitations « techniques » plus « impersonnelles », souvent contenues dans des lois mixtes (mi-fond-mi-habilitation)[10]. Toutefois, cette distinction ne correspond pas à la lettre de l'article 38 qui ne prévoit qu'une seule sorte d'habilitation et n'a pas été retenue en droit positif. Sauf disposition expresse de la loi d'habilitation celle-ci survit donc jusqu'à son terme, y compris en cas de changement de gouvernement

La loi d'habilitation précitée du 4 février 1960 présidentialisait la délégation consentie en désignant expressément le président de la République comme responsable des ordonnances : « *Sous la signa-*

9. CE, sect., 5 mai 2006, *Schmitt*.

10. P. Delvolvé, « L'été des ordonnances », *RFDA* 2005, n° 5, p. 909 ; concl. M. Bernard pour CE, ass., 5 mai 1961, *Société Librairie Aristide Quillet, Cabus et Raulot*, reproduites *in RFDA* 2005, n° 5, p. 918.

*ture du général de Gaulle, président de la République, conformément à l'article 13 de la Constitution, le gouvernement est autorisé* (...) ». L'habilitation ainsi accordée sous la signature personnelle du général de Gaulle serait donc tombée si le chef de l'État avait quitté ses fonctions.

### 2. *L'objet et l'étendue de la délégation*

L'objet de la délégation parlementaire peut aussi être amendé dans les limites inhérentes au droit d'amendement. Ainsi le Conseil constitutionnel a-t-il admis que l'irrecevabilité financière de l'article 40 était utilisable dans les débats d'habilitation et pouvait donc être appliquée à une autorisation d'augmenter les charges publiques par ordonnance[11].

L'on a déjà vu que les amendements tendant à étendre le champ de la délégation sont d'une constitutionnalité douteuse au regard du monopole de l'initiative gouvernementale et qu'en pratique, le gouvernement qui accepte le principe d'une telle extension de la délégation, a intérêt à la reprendre à son compte dans un amendement gouvernemental permettant d'éviter une éventuelle censure.

Les amendements tendant, au contraire, à restreindre le domaine délégué, ont peu de chances d'aboutir sans accord du gouvernement, de telle sorte que la plupart des amendements se bornent simplement à préciser, compléter ou détailler l'habilitation en encadrant davantage le recours aux ordonnances.

## § 2. LE CONTRÔLE DU CONSEIL CONSTITUTIONNEL

L'innovation la plus marquante de la Ve République, outre la constitutionnalisation de la procédure de délégation législative, réside dans la possibilité de faire désormais contrôler la loi d'habilitation par le Conseil constitutionnel.

Mais ce contrôle n'est cependant pas chose facile puisque l'objet d'une telle loi est de permettre au gouvernement de prendre plus tard des ordonnances dont on ne peut évidemment connaître à l'avance le contenu exact. S'il fallait que le projet de loi d'habilitation indique déjà la teneur des ordonnances à venir la procédure deviendrait inutile et il suffirait de déposer un projet de loi ordinaire.

11. Cons. const., 5 janv. 1982, n° 81-134 DC, *Loi d'habilitation en matière sociale.*

Dans de telles conditions, le contrôle de la loi d'habilitation a des chances d'être assez formel puisqu'il porte sur un texte de pure compétence, une simple autorisation de prendre des actes futurs qui ne sont que potentiels, contrairement aux lois d'autorisation de ratification de traités qui, elles, portent sur une convention déjà signée dont on peut lire le contenu, du moins si le gouvernement daigne joindre le texte du traité au projet de loi.

Comme on imagine mal une loi d'habilitation autorisant ouvertement le gouvernement à déroger à la Constitution, le Conseil constitutionnel est contraint d'effectuer un contrôle par anticipation relativement virtuel.

Dans un premier temps, il s'est borné à vérifier que le parlement n'abdiquait pas sa compétence législative en veillant à ce que la loi d'habilitation n'apparaisse pas comme un blanc-seing accordé au gouvernement (A). Puis, dans un second temps, il a trouvé dans le contrôle des lois d'habilitation un terrain de prédilection pour les déclarations de conformité sous réserves (B).

## A. LE CONTRÔLE DE L'ÉTENDUE DE LA DÉLÉGATION

Ce contrôle porte à la fois sur les finalités et la justification du recours à la délégation ainsi que sur le domaine de celle-ci.

### *1. Les finalités et les motifs*

La référence faite par l'article 38 au « programme » du gouvernement a suscité des controverses, certains prétendant que le programme ainsi visé serait obligatoirement celui sur lequel le gouvernement engage sa responsabilité en vertu de l'article 49§1 de la Constitution. Il est vrai que cette interprétation reposait sur les travaux préparatoires de la Constitution qui avaient initialement institué un lien entre le vote de confiance et l'habilitation de l'article 38[12]. de telle sorte que, malgré la disparition de ce lien dans le texte définitif, de nombreux parlementaires ont protesté, à l'occasion de débats d'habilitation, contre le refus du gouvernement d'engager préalablement sa responsabilité. Lors du vote de la loi d'habilitation du 20 janvier 1977 relative au territoire des Afars et des Issas, l'opposition a saisi le Conseil constitutionnel estimant

12. *Documents pour servir l'histoire de l'élaboration de la Constitution*, Doc. fr., t. 1, 1987 ; tome 3, 1991 ; C. Boyer-Mérentier, *Les ordonnances de l'article 38 de la Constitution de 1958,* Economica, 1996, p. 27.

que le Premier ministre ne pouvait invoquer l'exécution d'un programme sur lequel il n'avait pas engagé sa responsabilité. Dans sa décision n° 76-72 DC du 12 janvier 1977 le Conseil a jugé :

« *Considérant qu'aux termes du premier alinéa de l'article 38 de la Constitution «Le Gouvernement peut, pour l'exécution de son programme, demander au Parlement l'autorisation de prendre par ordonnances, pendant un délai limité, des mesures qui sont normalement du domaine de la loi»; considérant que, s'il est, de la sorte, spécifié à l'alinéa premier de l'article 38 précité de la Constitution, que c'est pour l'exécution de son programme que le Gouvernement se voit attribuer la possibilité de demander au Parlement l'autorisation de légiférer, par voie d'ordonnances, pendant un délai limité, ce texte doit être entendu comme faisant obligation au Gouvernement d'indiquer avec précision au Parlement, lors du dépôt d'un projet de loi d'habilitation et pour la justification de la demande présentée par lui, quelle est la finalité des mesures qu'il se propose de prendre; considérant qu'il y a donc lieu d'exclure toute autre interprétation et notamment celle qui serait tirée d'un rapprochement avec les énonciations de l'alinéa premier de l'article 49 de la Constitution; que celle-ci, en effet, qui tend à conférer une acceptation analogue au terme «programme» et à l'expression «déclaration de politique générale», d'une part, ne ferait aucune place, pour une éventuelle justification de recours aux dispositions de l'article 38, aux notions de circonstances imprévues ou de situation requérant des mesures d'urgence et, d'autre part, en raison de sa généralité, aurait pour résultat d'étendre, sans limites définies, le champ d'application de la procédure d'habilitation prévue audit article 38, au détriment du respect des prérogatives du Parlement; considérant qu'en l'espèce les précisions requises, en vertu de l'alinéa premier de l'article 38 de la Constitution, ont été dûment fournies par le Gouvernement au soutien de sa demande d'habilitation à modifier par ordonnances les circonscriptions pour l'élection des membres de la Chambre des Députés du Territoire français des Afars et des Issas* ».

Cette interprétation paraît logique et raisonnable. Une assimilation du programme de l'article 38 à celui de l'article 49§1 pourrait effectivement aboutir à une délégation beaucoup trop étendue portant sur la globalité du programme gouvernemental et interdirait de recourir à l'article 38 pour faire face à des circonstances imprévues ou à des situations d'urgence. Elle s'harmonise aussi avec la pratique et la jurisprudence qui permettent qu'un nouveau gouvernement utilise la délégation accordée à son prédécesseur. Le Conseil constitutionnel a cependant précisé, dans sa décision des 25 et 26 juin 1986 sur les privatisations que « *si le gouvernement doit définir avec précision les finalités de l'habilitation qu'il demande en vue de la réalisation de son programme, il n'est pas tenu de faire connaître la teneur des ordonnances qu'il prendra en vertu de cette habilitation* ». Il ajoute « *qu'il ne lui est pas interdit de faire dépendre cette teneur des résultats des travaux et d'études dont il ne connaîtra que plus tard les conclusions* »[13]. Il a confirmé ensuite cette interprétation, en affirmant encore, dans sa décision du 16 décembre 1999 sur la codification par ordonnances, que « *si l'article 38 de la Constitution fait obligation au Gouvernement d'indiquer avec précision au Parlement, afin de justifier la demande qu'il présente, la finalité des mesures qu'il se propose de prendre par voie d'ordonnances ainsi que leur domaine d'intervention, il n'impose pas au Gouvernement de faire connaître au Parlement la teneur des ordonnances qu'il prendra en vertu de cette habilitation* »[14].

Le Conseil constitutionnel a raffiné son contrôle des finalités dans cette décision[15] en insistant un peu lourdement sur la justification de l'utilisation des ordonnances en matière de codification. Il y admet, en effet, l'urgence d'achever le travail de codification au motif que celle-ci servirait l'objectif à valeur constitutionnelle d'accessibilité et d'intelligibilité de la loi, qui découlerait lui-même du principe d'égalité devant la loi la et de la garantie des droits et qu'elle serait plus généralement nécessaire à l'exercice de tous les droits et libertés :

« *Considérant, en deuxième lieu, que l'urgence est au nombre des justifications que le Gouvernement peut invoquer pour recourir à l'article 38 de la Constitution ; qu'en l'espèce, le Gouvernement a apporté au Parlement les précisions nécessaires en rappelant l'intérêt général qui s'attache à l'achèvement des neuf codes mentionnés à l'article 1er, auquel faisait obstacle l'encombrement de l'ordre du jour parlementaire ; que cette finalité répond au demeurant à l'objectif de valeur constitutionnelle d'accessibilité et d'intelligibilité de la loi ; qu'en effet l'égalité devant la loi énoncée par l'article 6 de la Déclaration des droits de l'homme et du citoyen et « la garantie des droits « requise par son article 16 pourraient ne pas être effectives si les citoyens ne disposaient pas d'une connaissance suffisante des normes qui leur sont applicables ; qu'une telle*

13. Cons. const., n° 86-207 DC.
14. Cons. const., précitée, n° 99-421 DC, cons. n° 12.
15. Précitée, cons. n° 13.

*connaissance est en outre nécessaire à l'exercice des droits et libertés garantis tant par l'article 4 de la Déclaration, en vertu duquel cet exercice n'a de bornes que celles déterminées par la loi, que par son article 5, aux termes duquel « tout ce qui n'est pas défendu par la loi ne peut être empêché, et nul ne peut être contraint à faire ce qu'elle n'ordonne pas »*. L'argument plusieurs fois retenu par le Conseil constitutionnel selon lequel « *l'encombrement de l'ordre du jour parlementaire fait obstacle à la réalisation, dans des délais raisonnables, du programme du Gouvernement tendant à simplifier le droit et à poursuivre sa codification* » laisse dubitatif dans la mesure où c'est le gouvernement qui maîtrise encore largement l'ordre du jour et qu'il n'appartient qu'à lui d'y réserver le temps nécessaire à l'amélioration du droit[16].

L'on n'est pas vraiment convaincu par cette démonstration un peu fourre-tout ni par l'idée que la Déclaration de 1789 exigerait à ce point un travail de codification. Le Conseil constitutionnel s'immisce ici clairement dans une appréciation d'opportunité qui frôle le gouvernement des juges. L'on reste également sceptique devant une argumentation qui revient à admettre la délégation au gouvernement de l'adoption de la partie législative de neuf codes alors que le Conseil prétend cependant circonscrire avec précision l'objet des délégations.

On voit donc que le Conseil oscille entre la nécessité d'exiger une délégation assez circonscrite pour ne pas constituer un blanc-seing mais pas trop précise non plus puisque, par définition, le gouvernement n'a pas à fournir à l'avance le contenu des ordonnances à venir et que la logique d'une délégation est de transférer un pouvoir normatif qui ne sera exercé qu'après l'intervention du juge constitutionnel.

## 2. *Le domaine de la délégation*

C'est dans la décision des 25 et 26 juin 1986[17] relative aux privatisations que le Conseil constitutionnel a ajouté à la première obligation d'indiquer avec précision la finalité des mesures à prendre, la seconde et même obligation concernant cette fois leur domaine d'intervention :

---

16. Voir aussi, Cons. const., n° 2003-473 DC, 26 juin 2003, *Loi autorisant le gouvernement à simplifier le droit*; Cons. const., 2 déc. 2004, n° 2004-506 DC, *Loi de simplification du droit.*

17. Cons. const., 26 juin 2006, n° 86-207 DC.

*« Considérant que, s'il est spécifié à l'alinéa 1er de l'article 38 de la Constitution précité que c'est pour l'exécution de son programme que le Gouvernement se voit attribuer la possibilité de demander au Parlement l'autorisation de prendre, par voie d'ordonnances pendant un délai limité, des mesures qui sont normalement du domaine de la loi, ce texte doit être entendu comme faisant obligation au Gouvernement d'indiquer avec précision au Parlement quelle est la finalité des mesures qu'il se propose de prendre et leurs domaines d'intervention »*.

Le gouvernement peut être autorisé, selon l'article 38, à prendre toutes mesures « qui sont normalement du domaine de la loi ». Aucune matière n'est donc explicitement exclue de la délégation législative. Les ordonnances peuvent être utilisées pour adopter des mesures législatives ordinaires dérogeant aux lois existantes ainsi, logiquement, qu'aux principes généraux du droit qui n'auraient pas valeur constitutionnelle.

Plusieurs questions se sont pourtant posées concernant d'une part la législation organique, d'autre part les lois qui expriment un pouvoir d'autorisation donné par les assemblées au gouvernement.

L'utilisation massive des ordonnances de l'article 92 de la Constitution de 1958 en matière organique au début de la Ve République conduit à s'interroger sur le point de savoir si les ordonnances de l'article 38 pourraient être aussi utilisées en cette matière. On aperçoit immédiatement un problème en ce sens que la loi d'habilitation est une loi ordinaire et qu'il lui serait donc difficile d'autoriser le gouvernement à intervenir en matière organique, sauf à ce que l'habilitation soit elle-même votée selon la procédure de l'article 46 de la Constitution. Dans une décision du 4 juin 1984 relative à la ratification d'ordonnances contenant des dispositions fiscales, le Conseil constitutionnel a vérifié que les ordonnances ratifiées étaient conformes à l'ordonnance portant loi organique du 2 janvier 1959 relative aux lois de finances[18]. Dans ses décisions du 5 janvier 1982[19] et des 1er et 2 juillet 1986[20] il a jugé que les lois d'habilitation qui lui étaient déférées ne méconnaissaient pas les dispositions de la Constitution relatives aux lois organiques *« dès lors que le texte soumis à l'examen du Conseil constitutionnel ne*

18. Cons. const., n° 84-DC du 4 juin 1984, *Loi portant ratification des ordonnances prises en application de la loi n° 83-332 du 22 avril 1983 autorisant le gouvernement à prendre diverses mesures financières.*
19. Cons. const., n° 81-134 DC, *Mesures d'ordre social*, cons. 3.
20. Cons. const., n° 86-208 DC, *Découpage électoral*, cons. 4.

*permet aucunement l'intervention d'ordonnances dans les matières que la Constitution réserve à de telles lois* ».

Dans sa décision précitée du 16 décembre 1999 relative à la codification par ordonnances, le Conseil constitutionnel indique plus explicitement que « *la loi d'habilitation ne saurait permettre l'intervention d'ordonnances dans des domaines réservés par les articles 46, 47, 47-1, 74 et 77 de la Constitution à la loi organique, aux lois de finances et aux lois de financement de la sécurité sociale* ». Enfin, dans sa décision du 26 juin 2003[21] concernant l'habilitation à simplifier le droit par ordonnances il précise encore que « *Si une loi d'habilitation ne peut prévoir l'intervention d'ordonnances dans les domaines réservés par la Constitution à la loi organique, aux lois de finances et aux lois de financement de la sécurité sociale, l'article 38 de la Constitution autorise le Parlement à déléguer au Gouvernement toute autre matière relevant de la loi ; que, par suite, doit être rejeté le grief tiré de ce que l'article 5 déléguerait une matière intéressant la libre administration des collectivités territoriales et méconnaîtrait, ce faisant, l'article 72 de la Constitution* ».

On constate toutefois que le Conseil constitutionnel procède par affirmation et s'abstient de démontrer exactement ce qui interdirait le recours aux ordonnances dans toutes ces matières.

La question se pose en effet pour le cas des lois qui expriment moins l'exercice d'un pouvoir normatif du parlement qu'un pouvoir de contrôle de celui-ci sur l'action de l'exécutif. Il paraîtrait peu crédible que le gouvernement se voit investi du pouvoir de se contrôler lui-même.

S'agissant des lois de finances ou de financement de la sécurité sociale, qui constituent l'expression d'un pouvoir d'autorisation parlementaire, l'argument de texte des articles 47 et 47-1 peut s'opposer à l'utilisation de l'article 38 puisqu'il y est mentionné que « le parlement vote » ces lois et qu'ils décrivent précisément les délais d'examens par les deux chambres. Mais l'on peut objecter qu'il est aussi inscrit de manière générale à l'article 24 de la Constitution que « le parlement vote la loi » et que l'article 38 est donc une dérogation possible à l'ensemble du pouvoir législatif du parlement, lois financières comprises. La possibilité reconnue au gouvernement de mettre le budget ou le financement de la sécurité sociale en vigueur par ordonnance en cas de retard dans l'examen

21. N° 2003-473 DC.

parlementaire plaiderait aussi plutôt en faveur d'une possible inclusion de ces textes dans le « programme » du gouvernement visé à l'article 38. L'on sait enfin que le budget de 1959 a été adopté par une ordonnance n° 58-1374 du 30 décembre 1958, prise sur le fondement de l'article 92 de la Constitution. Mais le Conseil constitutionnel a manifestement voulu faire échec à une pratique qui aurait conduit à une situation absurde où le gouvernement s'autoriserait lui-même à percevoir des recettes et effectuer des dépenses au mépris flagrant de la séparation des pouvoirs.

Par extension, le recours à une ordonnance autorisant la ratification d'un traité paraîtrait également abusif puisqu'il équivaudrait aussi à une autorisation que l'exécutif se délivrerait à lui-même. Le précédent fort abondant de l'usage de l'article 92 en matière diplomatique permet cependant d'envisager une telle hypothèse de même que celle d'une ordonnance qui prolongerait l'état d'urgence ou l'état de siège, ou qui prétendrait ratifier d'autres ordonnances[22]. Sans doute l'absence de contrôle juridictionnel sur les ordonnances de l'article 92 a-t-elle largement permis ces pratiques discutables, mais la jurisprudence du Conseil en matière financière semble désormais plaider en faveur d'une sanction de ce qui apparaîtrait clairement comme un détournement de procédure.

Sur un registre quelque peu différent, le Conseil constitutionnel a aussi jugé, à propos de l'article 73 de la Constitution autorisant les collectivités d'outre-mer qui en relèvent à adapter localement la législation nationale si elles y sont « habilitées par la loi », que, « eu égard à l'économie générale de ces dispositions constitutionnelles », le législateur organique n'a entendu autoriser que la loi à délivrer l'habilitation en cause, en excluant les ordonnances prises sur le fondement de l'article 38 de la Constitution[23]. Il s'agit de l'application du principe « habilitation sur habilitation ne vaut » qui interdit les subdélégations. Le gouvernement agissant par voie d'ordonnance ne peut habiliter à son tour une assemblée locale à exercer un pouvoir législatif normalement réservé au parlement national.

On peut donc synthétiser la jurisprudence du Conseil constitutionnel sur le domaine possible des délégations de l'article 38 en observant que celles-ci sont interdites soit dans les cas où une pro-

---

22. A.-M. Le Bos-Le Pourhiet, *L'article 92 de la Constitution*, Economica, 1980, préface G. Dupuis, p. 18 et s.
23. Cons. const., 15 févr. 2007, n° 2007-547 DC, *Loi organique portant dispositions statutaires et institutionnelles sur l'Outre-mer.*

cédure parlementaire spécifique est instituée, soit dans ceux où la compétence du parlement s'analyse plus en un pouvoir de contrôle (habilitation, autorisation, voire ratification) que de législation proprement dite. Mais l'on observe aussi que ce sont paradoxalement les domaines où s'était particulièrement déployé le recours aux ordonnances de l'article 92 de la Constitution[24].

## B. LES RÉSERVES D'INTERPRÉTATION

Le Conseil constitutionnel a donc trouvé dans les lois d'habilitation un terrain d'élection pour sa technique des déclarations de conformité sous réserves (1) dont il convient d'analyser l'efficacité (2).

### 1. *La déclaration de conformité sous réserve*

« *Considérant que les dispositions d'une loi d'habilitation ne sauraient avoir ni pour objet ni pour effet de dispenser le Gouvernement, dans l'exercice des pouvoirs qui lui sont conférés en application de l'article 38 de la Constitution, du respect des règles et principes de valeur constitutionnelle; considérant qu'il appartient au Conseil constitutionnel, d'une part, de vérifier que la loi d'habilitation ne comporte aucune disposition qui permettrait de méconnaître ces règles et principes, d'autre part, de n'admettre la conformité à la Constitution de la loi d'habilitation que sous l'expresse condition qu'elle soit interprétée et appliquée dans le strict respect de la Constitution* »[25].

C'est en ces termes que le Conseil constitutionnel entend faire savoir, en 1986, que le recours aux ordonnances de l'article 38 ne saurait être destiné à échapper à son contrôle comme l'avait laissé entendre le gouvernement de l'époque au sujet des privatisations et du découpage électoral. Il ajoute néanmoins que « *si le fait pour le Gouvernement d'obtenir du Parlement une habilitation au titre de l'article 38 de la Constitution a des incidences sur les modalités d'exercice du contrôle de constitutionnalité de la loi, cette circonstance, qui est la conséquence nécessaire d'une procédure prévue par la Constitution, n'a pas pour effet d'interdire au Gouvernement de faire usage de cette procédure ou d'en restreindre l'utilisation à l'intervention de mesures urgentes* ».

---

24. A.-M. LE BOS-LE POURHIET, précité.
25. Cons. const., 26 juin 1986, n° 86-207 DC, *Privatisations*, cons. 14 et 15; 2 juillet 1986, n° 86-208 DC, *Découpage électoral*, cons. 8.

Le Conseil constitutionnel va donc exposer, dans les motifs de ses décisions, les règles que devront respecter les ordonnances à venir et se montre délibérément pointilleux dans l'énoncé de certaines directives d'interprétation. En matière de découpage électoral il indique, par exemple que « *les dispositions des alinéas 3 et 4 de l'article 5 de la loi doivent s'entendre comme suit : qu'il convient, en premier lieu, de considérer que la faculté de ne pas respecter les limites cantonales dans les départements comprenant un ou plusieurs cantons non constitués par un territoire continu ou dont la population est supérieure à 40 000 habitants ne vaut que pour ces seuls cantons ; qu'en deuxième lieu, la mise en œuvre de l'écart maximum mentionné à l'alinéa 4 de l'article 5 doit être réservée à des cas exceptionnels et dûment justifiés ; que l'utilisation de cette faculté ne pourra intervenir que dans une mesure limitée et devra s'appuyer, cas par cas, sur des impératifs précis d'intérêt général ; qu'enfin, la délimitation des circonscriptions ne devra procéder d'aucun arbitraire ; que toute autre interprétation serait contraire à la Constitution* » (cons. 24). Pour les modalités des privatisations il dispose aussi que « *l'ordonnance devra interdire le transfert dans le cas où le prix proposé par les acquéreurs ne serait pas supérieur ou au moins égal à cette évaluation ; que le choix des acquéreurs ne devra procéder d'aucun privilège ; que l'indépendance nationale devra être préservée ; que toute autre interprétation serait contraire à la Constitution* » (cons. 61).

Le Conseil se livre donc à une véritable dictée des règles que le gouvernement devra respecter, comme s'il voulait coécrire les ordonnances et, pour s'assurer de l'autorité de chose jugée de sa décision, il réitère ses réserves dans le dispositif final en rappelant : « *Sous les strictes réserves d'interprétation énoncées plus haut (...) la loi autorisant le gouvernement (...) n'est pas contraire à la Constitution* ». On sait, en effet, que l'autorité de chose jugée des décisions du Conseil constitutionnel « *s'attache non seulement à leur dispositif mais aussi aux motifs qui en sont le soutien nécessaire et en constituent le fondement même* »[26] et c'est pour cette raison que le Conseil appuie fortement sur les réserves dans le dispositif de ses décisions, redoutant que le gouvernement les ignore une fois la loi promulguée.

Le but est évidemment d'imposer ces directives d'interprétation à leurs principaux destinataires c'est-à-dire, au premier chef,

26. Cons. const., 16 janv. 1962, n° 62-18 L, *Loi d'orientation agricole*.

au gouvernement qui rédigera les ordonnances et au Conseil d'État qui les examinera pour avis, mais aussi, ensuite, au président de la République compétent pour les signer, puis au juge ordinaire et notamment au juge administratif qui aura éventuellement à les examiner ou les appliquer au contentieux.

On relève précisément que le Conseil constitutionnel insiste de manière tout à fait inhabituelle, dans ses deux décisions de 1986, sur l'article 13 de la Constitution. Il relève, en effet, « *que la Constitution ne soumet le recours à cette procédure à aucune autre condition que celles énoncées à l'article 38 et à l'article 13 aux termes duquel le président de la République signe les ordonnances* ». C'est la première fois que le Conseil se réfère à cette disposition et, compte-tenu, de la situation de « cohabitation » que connaissait à cette époque l'exécutif français, l'on peut penser qu'il s'agissait de « faire du pied » au chef de l'État pour qu'il refuse, le cas échéant, de signer des ordonnances contraires à ses directives d'interprétation. Le président de la République étant chargé par l'article 5 de la Constitution de « veiller au respect de la Constitution », on comprend que le Conseil constitutionnel cherche à en faire son allié dans un contexte politique assez particulier où le gouvernement de cohabitation avait fait trop clairement savoir que le recours aux ordonnances était destiné à éviter d'éventuelles censures du Conseil. Celui-ci entend donc donner tous ses effets aux dispositions de l'article 62 de la Constitution selon lesquelles ses décisions « s'imposent aux pouvoirs publics et à toutes les autorités administratives et juridictionnelles ». Il reste à savoir quelle est l'efficacité réelle de ces réserves d'interprétation.

## 2. *L'efficacité des réserves d'interprétation*

L'application de la technique de la déclaration de conformité sous réserves aux lois d'habilitation est assurément très ingénieuse mais présente quand même certaines ambiguïtés.

Le raisonnement du Conseil constitutionnel consiste en effet à faire dépendre la conformité d'une loi à la Constitution de la façon dont cette loi va être ultérieurement interprétée et appliquée dans l'édiction de mesures normatives par définition postérieures à sa promulgation. L'on comprend bien que le Conseil constitutionnel veuille éviter l'effet « blanchissant » de l'écran législatif sur les ordonnances, qui interdisait autrefois au Conseil d'État de censurer des décrets-lois contraires à la Constitution. Le but est d'empêcher que la loi puisse être lue comme autorisant des violations de la Constitution ou, du moins, de l'interprétation que le Conseil donne de celle-ci. Mais il se fait pour cela co-législateur de façon à combler en quelque sorte les lacunes de la loi d'habilitation en y ajoutant des prescriptions de fond alors pourtant que l'article 38 fait de la loi d'habilitation une pure loi de compétence, sans limitation de contenu. L'objectif du Conseil est d'éviter d'être court-circuité par le gouvernement en essayant de contrôler par anticipation le contenu des futures ordonnances alors que le contrôle de celles-ci incombe en principe exclusivement au juge ordinaire avant leur ratification.

Cette technique a été vivement critiquée par certains responsables politiques de la majorité de l'époque[27] mais aussi par des annotateurs du Conseil d'État[28].

Il reste donc à savoir si le président de la République et le juge ordinaire ont bien « entendu » le Conseil constitutionnel.

### *a) Le président de la République*

Le président de la République peut-il et même doit-il refuser de signer une ordonnance ?[29]

La question ne s'était guère posée jusqu'en 1986 du fait de la conjoncture politique, seules les premières perspectives de cohabitation ont commencé à susciter des interrogations. La question a alors fait l'objet de débats très vifs dans lesquels s'opposaient des avis fort différents mais qui avaient sans doute le tort de se focaliser sur quelques arguments de texte isolés alors que cette question est inséparable du débat général sur la nature du régime et du choix entre une lecture parlementaire ou présidentialiste, moniste ou dualiste, de nos institutions.

On peut donc distinguer des arguments de texte ou des arguments typologiques en faveur de l'une ou l'autre interprétation.

En faveur de l'obligation présidentielle de signer les ordonnances l'on peut invoquer l'article 38 qui indique bien que c'est le gouvernement qui, pour l'exécution de son programme demande l'autorisation de prendre des ordonnances. C'est donc incontestablement un pouvoir gouvernemental rejoignant l'article 20 de la

---

27. A. Chalandon, *Le Monde*, 9 août 1986 et E. Faure, *Le Monde*, 13 août 1986.
28. Chron. M. Azibert et M. Fornacciari, *AJDA* 1986, p. 294.
29. A.-M. Le Pourhiet, « Le conflit constitutionnel français sur la signature des ordonnances », *in Les conflits constitutionnels*, J. Hummel (dir.), Presses universitaires de Rennes, 2010, p. 135.

Constitution qui dispose « Le gouvernement détermine et conduit la politique de la nation ». C'est encore le gouvernement qui dépose le projet de loi de ratification. On a aussi invoqué en faveur de l'obligation de signer l'utilisation du présent de l'indicatif dans l'article 13 : « Le président signe... », mais cet argument grammatical est quand même un peu faible.

En faveur, au contraire, de la simple faculté de signer et donc de la possibilité de s'y refuser, on peut invoquer simplement la nécessité de la signature présidentielle, mais surtout l'article 21 qui dispose que « sous réserve des dispositions de l'article 13 » le Premier ministre « exerce le pouvoir réglementaire ». On peut donc en déduire que c'est bien un pouvoir réglementaire que le président exerce en vertu de l'article 13 et que si c'est un pouvoir ce n'est pas un devoir.

Mais en réalité ces arguments de texte sont de faible portée : la réalité se trouve dans la philosophie politique, dans la distinction entre un régime parlementaire moniste où « le Roi règne mais ne gouverne pas » (Thiers) et un régime dualiste où « le trône n'est pas un fauteuil vide » (Guizot). Dans n'importe quel régime européen quand la Constitution dit « le Roi » ou « le président de la République » il faut lire en réalité « le gouvernement » ou son chef et c'est la règle du contreseing qui fournit la grille de lecture. Le contreseing montre que c'est le gouvernement qui endosse la responsabilité de l'acte devant la représentation nationale et que la signature du chef de l'État est purement solennelle, c'est un paraphe d'authentification de type notarial sur un acte relevant de la compétence exclusive du gouvernement. C'est donc, en réalité, dans l'article 19 qu'il faut rechercher l'interprétation de l'article 13. Les ordonnances sont contresignées, donc elles relèvent de la compétence et de la responsabilité exclusive du Premier ministre et le Président de la République a l'obligation de les signer[30].

Il reste cependant à prendre en compte un autre élément qui est le motif invoqué à l'appui du refus de signer. Le Président peut, en effet, s'opposer à une ordonnance soit parce qu'il la juge politiquement inopportune, soit parce qu'il l'estime contraire à la Constitution. Dans le premier cas il se pose en capitaine (en l'occurrence vaincu aux élections législatives), dans l'autre en arbitre garant de la Constitution en vertu de l'article 5. Il est clair que si le premier type de refus est inacceptable en vertu de l'article 19, le second est plus défendable et correspond sans doute à ce que le Conseil

30. Y. GAUDEMET, « Le président est tenu de signer », *Le Monde*, 18 avril 1986.

constitutionnel envisageait dans ses décisions de 1986 insistant sur la signature présidentielle.

On sait qu'en 1986 le président Mitterrand a refusé de signer plusieurs ordonnances en invoquant des motifs divers. Pour les ordonnances prises en matière sociale, il avait invoqué « la protection des acquis sociaux » qui relève de l'opportunité politique. Pour le découpage électoral il avait avancé la « tradition républicaine » qui réserverait cette matière au parlement et interdirait donc de la régir par ordonnances. Cet argument est plus juridique et sophistiqué mais il est en contradiction avec l'article 38 qui n'exclut aucune matière de l'article 34. Le Conseil constitutionnel a d'ailleurs eu l'occasion de le contredire lors d'une nouvelle habilitation à découper les circonscriptions par ordonnances : *« Considérant, en premier lieu, qu'en vertu de l'article 38 de la Constitution le Gouvernement peut, pour l'exécution de son programme, demander au Parlement l'autorisation de prendre, par voie d'ordonnances, pendant un délai limité et dans les conditions prévues par son deuxième alinéa, des mesures qui sont normalement du domaine de la loi ; qu'au nombre des matières ressortissant à la compétence du législateur en vertu de l'article 34 de la Constitution figure la fixation des règles concernant le régime électoral des assemblées parlementaires ; que la répartition des sièges de députés, dans la limite fixée par l'article L.O. 119 du Code électoral, tel qu'il résulte de la loi organique adoptée le 11 décembre 2008, est une composante de ce régime ; qu'en outre, la tradition républicaine ne saurait être utilement invoquée pour soutenir qu'un texte législatif qui la contredit serait contraire à la Constitution qu'autant que cette tradition aurait donné naissance à un principe fondamental reconnu par les lois de la République au sens de l'alinéa 1er du Préambule de la Constitution du 27 octobre 1946 ; que le principe invoqué par les requérants, qui ne résulte d'aucune disposition législative antérieure à la Constitution de 1946, est, en tout état de cause, expressément contredit par la Constitution du 4 octobre 1958 »*[31]. Enfin, au sujet des privatisations, le Président Mitterrand avait invoqué le risque d'atteinte à l'indépendance nationale, effectivement envisagé par le Conseil constitutionnel dans sa décision du 26 juin 1986, mais dont l'appréciation est éminemment délicate et discrétionnaire.

31. Cons. const., 8 janv. 2009, nº 2008-573 DC, *Loi relative à la commission prévue à l'article 25 de la Constitution et à l'élection des députés.*

Hormis le cas de contrariété manifeste à la Constitution l'on ne devrait donc pas admettre juridiquement un refus de signer. L'auteur du « coup d'État permanent »[32] a encore montré, en 1986, qu'il avait fini par pratiquer lui-même les excès de pouvoir gaulliens qu'il condamnait autrefois. Quoi qu'il en soit, le refus présidentiel de signer n'a pas vraiment gêné le gouvernement Chirac qui a pu transformer les projets d'ordonnances en projets de loi et les faire adopter sans difficultés par le parlement[33].

### *b) Le Conseil d'État*

Le juge administratif est évidemment le pilier sur lequel le Conseil constitutionnel espère appuyer l'efficacité de ses directives d'interprétation mais les juridictions pénales peuvent aussi y être confrontées par voie incidente.

Le juge ordinaire n'est toujours pas habilité à contrôler lui-même la conformité d'une loi d'habilitation à la Constitution et l'introduction dans notre droit de la question prioritaire de constitutionnalité maintient le principe d'un contrôle centralisé par le Conseil constitutionnel. Seul le contrôle de conventionnalité de la loi d'habilitation est éventuellement accessible aux juridictions ordinaires. Si donc la loi d'habilitation permet ou peut être interprétée comme permettant à une ordonnance de déroger à la Constitution, le juge ordinaire se trouve toujours contraint de valider ou appliquer cette ordonnance. Toutefois, dès lors que le Conseil constitutionnel est intervenu *a priori* pour dicter justement la façon dont la loi d'habilitation doit être interprétée pour respecter la Constitution, le juge ordinaire est invité à suivre cette interprétation et à sanctionner une ordonnance qui excéderait les limites fixées par l'habilitation telle qu'elle a été encadrée par le Conseil. Le juge ordinaire n'aura donc pas à confronter directement l'ordonnance à la Constitution mais seulement à vérifier qu'elle respecte la loi d'habilitation elle-même interprétée conformément aux directives du Conseil constitutionnel. La norme à laquelle le juge ordinaire doit confronter l'ordonnance est donc toujours exclusivement la loi d'habilitation.

Il n'était cependant pas évident, en droit, que le Conseil d'État l'entende de cette manière. Celui-ci, en effet, n'est pas juge de la

32. F. MITTERRAND, *Le coup d'État permanent*, Plon, 1964.

33. Lois des 6 août 1986 relative aux modalités d'application des privatisations et du 18 novembre 1986 relative à la délimitation des circonscriptions pour l'élection des députés.

constitutionnalité des lois d'habilitation et n'a donc pas à s'interroger sur la validité de celles-ci, il les applique, c'est tout. Il peut très bien décider d'interpréter la loi comme il l'entend ou tout simplement à la lettre, sans méconnaître l'autorité de chose jugée des décisions du Conseil constitutionnel puisque celle-ci concerne la conformité de la loi à la Constitution qui n'intéresse pas les juridictions ordinaires, tenues d'appliquer les lois promulguées sauf contrariété au droit international ou européen. D'un point de vue strictement juridique le Conseil d'État pouvait donc décider d'ignorer les directives du Conseil constitutionnel. C'est ce qu'affirmaient MM. Azibert et Fornacciari dans leur chronique de 1986 en jugeant que « *l'interprétation de la loi n'a pas plus de force législative que les amendements apportés par le Conseil constitutionnel à l'œuvre du législateur* »[34].

Toutefois, en pratique, cette attitude n'a pas été celle du Conseil d'État qui collabore volontiers à la mise en œuvre des directives du Conseil constitutionnel. Il lui arrive assez fréquemment de faire ouvertement référence à « la chose jugée par le Conseil constitutionnel »[35] et, lorsqu'il se prononce sur la légalité d'une ordonnance dont le Conseil constitutionnel a eu à connaître de l'habilitation il indique dans ses visas, par exemple : « ***Vu la loi*** *n° 2005-846 du 26 juillet 2005 habilitant le gouvernement à prendre par ordonnance des mesures urgentes pour l'emploi,* ***ensemble la décision du Conseil constitutionnel*** *n° 2005-521 DC du 25 juillet 2005* »[36]. La norme de référence du juge administratif est donc l'ensemble composé de la loi d'habilitation et de la décision du Conseil constitutionnel.

C'est ainsi que dans un arrêt de 2004 le Conseil d'État a très explicitement vérifié la conformité d'une ordonnance aux directives d'interprétation que le Conseil constitutionnel avait formulées dans l'examen de la loi d'habilitation, en appuyant sur l'autorité de chose jugée qui s'attache à celles-ci : « *Considérant, en troisième lieu, que les requérants soutiennent que les dispositions précitées de l'ordonnance attaquée étendent la possibilité de passer un contrat de partenariat au-delà des prévisions des dispositions de l'article 6 de la loi du 2 juillet 2003, telles qu'interprétées par la décision n° 2003-473 DC du 26 juin 2003 du Conseil constitutionnel, par laquelle celui-ci a jugé que les ordonnances prises sur le fondement de cet article*

34. Chron. précitée, *AJDA* 1986, p. 294.
35. CE, 16 avr. 1986, *Société méridionale de participations bancaires industrielles et commerciales.*
36. CE sect., 19 oct. 2005, *CGT et autres*, n° 283471.

*devraient réserver les dérogations au "droit commun de la commande publique ou de la domanialité publique" à des "situations répondant à des motifs d'intérêt général tels que l'urgence qui s'attache, en raison de circonstances particulières ou locales, à rattraper un retard préjudiciable, ou bien la nécessité de tenir compte des caractéristiques techniques, fonctionnelles ou économiques d'un équipement ou d'un service déterminé" ; (...) qu'ainsi, les requérants ne sont pas fondés à soutenir que l'article 2 de l'ordonnance attaquée et l'article L. 1414-2 du Code général des collectivités territoriales, dans sa rédaction issue de cette ordonnance, méconnaissent les dispositions de l'article 6 de la loi du 2 juillet 2003, non plus que l'interprétation qu'a donnée de ces dispositions, avec l'autorité qui s'attache à la chose jugée, le Conseil constitutionnel* »[37].

Le juge pénal pourrait aussi être directement confronté à l'appréciation de validité d'une ordonnance non ratifiée au regard des réserves émises par le Conseil constitutionnel. Toutefois la réticence traditionnelle que les juridictions judiciaires éprouvent à mentionner expressément la jurisprudence ne permet pas de détecter aisément les hypothèses où elles font application des réserves du Conseil constitutionnel[38].

---

37. CE sect., 29 oct. 2004, *M. Sueur et autres*, n° 269814.
38. O. DESAULNAY, *L'application de la Constitution par la Cour de Cassation*, Dalloz, 2009, p. 162.

# CHAPITRE 3
# LE RÉGIME CONTENTIEUX DE L'ORDONNANCE

Il convient ici de faire une distinction majeure, dont l'importance va cependant s'estomper à l'avenir, selon que l'ordonnance est ratifiée ou non.

## Section 1 Avant la ratification

### § 1. LE RÉGIME

Le régime contentieux de l'ordonnance est *a priori* simple : jusqu'à sa ratification, il s'agit d'un acte administratif contestable par voie d'action comme d'exception. Dès lors que l'ordonnance, ou une partie de ses dispositions, est ratifiée, elle acquiert en revanche force de loi et échappe au contrôle des tribunaux ordinaires[1]. Le Conseil d'État a donc appliqué, dès 1961, aux ordonnances de l'article 38 le même régime qu'aux décrets-lois.

Mais la question s'est aussi posée au sujet d'ordonnances non prévues par la Constitution et apparues dans la pratique gaullienne du régime. Dès 1962, après sa timide décision *Rubin de Servens* rendue en mars sur l'application de l'article 16[2], le Conseil d'État fait preuve de beaucoup plus d'audace dans l'arrêt d'assemblée du 19 octobre, *Canal*, au sujet d'une ordonnance adoptée dans des conditions différentes mais « parallèles » de celle de l'article 38 [3].

---

1. CE ass., 24 nov. 1961, *Fédération nationale des syndicats de police*, *Rec.* 658 ; *S.* 1963, p. 59 note L. HAMON ; *D.* 1962, p. 424, note FROMONT ; *AJDA* 1962, p. 114, note J. T.
2. V. *infra*, Troisième partie, chapitre 2, section 2.
3. CE ass., 19 oct. 1962, *Canal, Robin et Godot*, *Rec.* 552 ; *GAJA* n° 84 ; *AJDA*, 1962, p. 612, chron. A. DE LAUBADÈRE ; *JCP* 1963, II, n° 13068, note C. DEBBASH ; RA, 1962, p. 623, note G. LIET-VEAUX.

On sait qu'en avril 1962, le général de Gaulle, transférant le mécanisme de l'article 38 dans le système référendaire, avait organisé, sur le fondement de l'article 11 de la Constitution, une consultation populaire dans laquelle il était demandé au peuple français d'une part d'approuver les accords d'Evian sur l'indépendance de l'Algérie, d'autre part de donner au président de la République lui-même le pouvoir de prendre par ordonnances « *toutes mesures législatives relatives à l'application des déclarations gouvernementales du 19 mars 1962* ». Le général de Gaulle a, sur ce fondement, institué par ordonnance du 1er juin 1962 une cour militaire de justice remplaçant le Haut tribunal militaire précédemment créé en vertu des pouvoirs de l'article 16[4] et chargée de juger les auteurs et complices « de certaines infractions commises en relation avec les événements d'Algérie ». MM. Canal, Robin et Godot, condamnés à mort par ce tribunal, ont demandé au Conseil d'État l'annulation de cette ordonnance. Le Conseil d'État a admis la recevabilité du recours par les motifs suivants : « *Considérant qu'il résulte des termes de la loi référendaire que ce texte a eu pour objet, non d'habiliter le président de la République à exercer le pouvoir législatif lui-même, mais seulement de l'autoriser à user exceptionnellement de son pouvoir réglementaire pour prendre par ordonnances des mesures qui relèvent de la loi; qu'il suit de là que l'ordonnance attaquée (...) conserve le caractère d'un acte administratif et est susceptible, comme tel, d'être déférée au Conseil d'État par la voie du recours pour excès de pouvoir* ».

Cette décision est parfaitement symptomatique des jeux de mots auxquels se livrent les juges lorsqu'ils sont confrontés à ces actes de l'exécutif pris en matière législative. Face à des habilitations ayant exactement le même objet, c'est-à-dire de permettre aux autorités exécutives de prendre des mesures matériellement législatives, le juge va, quand il ne veut pas contrôler, dire qu'il s'agit de « l'exercice du pouvoir législatif lui-même » et, quand, au contraire, il veut contrôler l'acte, affirmer qu'il s'agit de « l'exercice du pouvoir réglementaire dans le domaine législatif ». Il s'agit absolument de la même chose mais la différence terminologique permet de justifier la différence de traitement. Certains commentateurs, notamment ceux des *Grands Arrêts de la Jurisprudence Administrative* ont essayé de justifier les différences de traitement jurisprudentielles en avançant que le Conseil d'État se fonderait sur le

4. Et qui était justement en cause dans l'arrêt *Rubin de Servens.*

niveau de l'habilitation : lorsque celle-ci est de nature constitutionnelle (articles 92 et 16) le recours serait irrecevable, tandis que lorsqu'elle est simplement législative le contrôle serait possible (article 38 et 11). Mais une telle motivation n'apparaît cependant jamais dans les arrêts et l'on sait que le critère déterminant pour les ordonnances de l'article 92 fût la force de loi reconnue aux ordonnances et non la nature constitutionnelle de l'habilitation. On peut d'ailleurs objecter à cette thèse que, depuis 1958, les délégations législatives sont autorisées par l'article 38 de la Constitution qui habilite lui-même le parlement à déléguer son pouvoir. Le constituant n'est donc pas absent du processus puisque c'est lui qui le fonde. En outre, Le Conseil d'État n'a pas hésité à examiner au contentieux les nouvelles ordonnances de l'article 74-1 de la Constitution, avant leur ratification, alors pourtant qu'elles sont fondées sur une habilitation constitutionnelle directe[5].

En réalité, il aurait suffi de constater, là encore, que la loi référendaire n'avait pas donné force de loi aux futures ordonnances et qu'elles demeuraient donc contestables. En outre, n'étant pas soumises à ratification, puisqu'il s'agissait d'une habilitation populaire et non parlementaire, cette absence d'immunité était en principe destinée à durer. On peut toutefois penser que si le Conseil d'État n'a pas recouru explicitement à l'argument de l'absence de force de loi c'est pour ne pas montrer trop clairement qu'il avait « oublié » ce même argument au mois de mars dans l'arrêt *Rubin de Servens*. Les décisions législatives de l'article 16 n'ont pas non plus force de loi et pourtant le Conseil d'État avait esquivé le contrôle des actes présidentiels. Rien ne permet de justifier la différence de traitement entre la décision présidentielle en cause dans l'affaire jugée en mars et l'ordonnance annulée en octobre, si ce n'est que le souci de ménager la raison d'État a été plus fort la première fois. L'arrêt *Canal* a évidemment provoqué l'ire du général de Gaulle et de son entourage, sévèrement exprimée par Jean Foyer dans ses mémoires : « *Il était donc écrit que les juridictions françaises n'épargneraient rien au général de Gaulle. Le dernier coup était le pire (...). Vraiment, la juridiction administrative avait aliéné sa raison d'exister, c'est-à-dire la défense de l'État, pour ne pas user d'un terme plus sévère qui serait mérité* »[6]. Quoi qu'il en soit, le gouvernement du général de Gaulle a fait voter le 15 janvier 1963 une loi dont

5. V. *infra*, chapitre 4.
6. J. FOYER, *Sur les chemins du droit avec le Général – Mémoires de ma vie politique 1944-1988*, Fayard, 2006, p. 239.

l'article 50 indiquait que les ordonnances en cause « *ont et conservent force de loi à partir de leur publication* ». Il aurait sans doute mieux valu qu'il pensât à se couvrir plus tôt. Une réforme du Conseil d'État est intervenue le 30 juillet 1963 en riposte à l'arrêt *Canal*.

Il n'est pas certain toutefois qu'une telle validation rétroactive soit aujourd'hui admise. Le Conseil constitutionnel juge en effet désormais, au nom de la séparation des pouvoirs, « *qu'il n'appartient ni au législateur, ni au gouvernement de censurer les décisions des juridictions* »[7].

## § 2. LES NORMES DE RÉFÉRENCE

Le contrôle des ordonnances non ratifiées soulève un problème d'articulation entre la loi d'habilitation d'une part et les règles constitutionnelles, le droit international et européen et les principes généraux du droit d'autre part.

Il est souvent difficile, en effet, de distinguer si le juge administratif contrôle exclusivement l'ordonnance par rapport à la loi d'habilitation, le cas échéant interprétée selon les directives du Conseil constitutionnel, ou s'il confronte directement l'ordonnance aux normes supérieures, sans se soucier de l'habilitation. La rédaction des arrêts n'est pas parfaitement claire sur ce point et les solutions ne semblent pas obéir à une logique constante. Trois types de normes sont à envisager : les principes généraux du droit, les règles et principes à valeur constitutionnelle et les normes conventionnelles.

### A. LES PRINCIPES GÉNÉRAUX DU DROIT

Une question complexe se pose au sujet des principes généraux du droit. Contrairement à certains commentaires doctrinaux, le Conseil d'État n'a pas annulé l'ordonnance en cause dans l'affaire *Canal* simplement parce qu'elle violait les principes généraux du droit et il faut bien se garder de présenter la hiérarchie des normes comme plaçant ceux-ci au-dessus des ordonnances. L'ordonnance étant un acte de l'exécutif pris dans le domaine de la loi et ayant la

7. Cons. const., n° 80-119-DC, 22 juill. 1980, *AJDA* 1980, p. 602, note G. CARCASSONNE ; *RDP* 1980, p. 1658, note L. FAVOREU.

même valeur que celle-ci, peut faire tout ce que la loi peut faire y compris déroger aux principes généraux du droit de valeur législative dès lors, et c'est la seule limite, que cette dérogation entre dans le champ de l'habilitation. La seule norme de référence en la matière est l'habilitation elle-même. Qu'elle soit constitutionnelle, parlementaire ou populaire c'est à elle que le juge doit confronter l'ordonnance pour savoir si l'exécutif a, ou non, excédé ses pouvoirs. Soit l'habilitation permet, ou peut être interprétée comme permettant, de déroger aux principes généraux du droit et l'ordonnance sera valide, soit l'habilitation ne le permet pas, ou le juge l'interprète comme ne le permettant pas (cas de l'arrêt *Canal*) et elle sera annulée.

Or, si l'on regarde attentivement l'arrêt *Canal* on observe que le Conseil d'État n'annule pas l'ordonnance parce qu'elle viole le principe des droits de la défense mais parce qu'il « ne résulte pas de l'instruction » que la création d'une juridiction d'exception aussi attentatoire aux principes généraux du droit pénal « *fût nécessitée par l'application des déclarations gouvernementales du 19 mars 1962* ». Il conclut donc qu'elle « *excède les limites de la délégation consentie* ». *A contrario*, si le Conseil d'État avait voulu interpréter la loi référendaire comme autorisant de telles entorses aux principes du droit pénal il en aurait admis la régularité. Le Conseil d'État s'abstient de qualifier lesdits principes généraux mais l'on doit admettre qu'en l'occurrence, s'agissant du droit pénal, ils avaient valeur constitutionnelle plutôt que législative. Dans l'arrêt du 15 octobre 1965, *Union fédérale des magistrats et Reliquet*[8], le Conseil d'État a aussi jugé légal un décret-loi qui suspendait l'inamovibilité des magistrats du siège, principe de valeur constitutionnelle, au motif que la loi de pouvoirs spéciaux du 16 mars 1956 avait donné les plus larges pouvoirs au gouvernement en Algérie. Tout dépend donc, dans tous les cas, de l'interprétation de la loi d'habilitation.

Toutefois, peut-être convaincu par les commentaires erronés qui ont été faits de certaines de ses décisions, le Conseil d'État semble considérer parfois que le gouvernement agissant par voie d'ordonnances doit respecter non seulement les règles et principes à valeur constitutionnelle mais également « les principes généraux du droit qui s'imposent à toute autorité administrative », semblant viser ainsi également des principes qui n'auraient pas valeur

8. *Rec.* 515.

constitutionnelle[9]. Cette solution est contestable dans la mesure où, comme on l'a dit, il est logique que telle une loi, une ordonnance puisse déroger à un principe de valeur législative d'autant qu'en théorie, un tel texte est appelé à être ratifié par le parlement et donc à devenir une loi à part entière. L'on reste donc réservé sur cette jurisprudence. Le Conseil d'État n'est d'ailleurs pas lui-même très stable en la matière puisque l'on repère des décisions où il admet, par exemple, la validité d'une ordonnance qui déroge au principe de non-rétroactivité des actes administratifs au motif que cette dérogation a été autorisée par la loi d'habilitation[10]. Force est d'admettre que les affirmations jurisprudentielles sont parfois contradictoires sur ce point : tantôt le juge semble affirmer que l'ordonnance doit respecter les principes généraux du droit en tout état de cause, tantôt il admet qu'elle puisse y déroger si l'habilitation le permet. C'est cette dernière solution qui doit l'emporter. On retrouve d'ailleurs les mêmes hésitations s'agissant des normes constitutionnelles.

## B. LES NORMES CONSTITUTIONNELLES

Dans un arrêt *Sueur* rendu en 2004, le Conseil d'État examine une nouvelle catégorie de contrats publics créée par ordonnance. Sur le principe même de l'institution de ces contrats, le Conseil d'État maintient l'écran législatif et refuse de contrôler la constitutionnalité de l'ordonnance conforme à la loi d'habilitation : « *Considérant que, si les requérants soutiennent que l'institution de contrats globaux tels que les contrats de partenariat méconnaîtrait par elle-même les exigences constitutionnelles relatives à l'égalité devant la commande publique et au bon usage des deniers publics, de tels moyens ne peuvent utilement être invoqués à l'encontre de l'ordonnance attaquée, dès lors que le principe de la création de contrats ayant pour objet "la conception, la réalisation, la transformation, l'exploitation et le financement d'équipements publics, ou la gestion et le financement de services, ou une combinaison de ces différentes missions"* ***résulte des termes mêmes de l'article 6 de la loi du 2 juillet 2003 habilitant le Gouvernement à simplifier le droit, sur le fondement de laquelle a été prise l'ordonnance***

9. CE sect., 14 oct. 2005, *CGT et autres*, n° 283471, 284421, 284473, 284654, 285374.
10. CE, 4 nov. 1996, *Association de défense des sociétés de course des hippodromes de Province*.

***attaquée et dont il n'appartient pas au Conseil d'État, statuant au contentieux, d'apprécier la conformité à la Constitution*** »[11].

Cette loi d'habilitation avait été examinée par le Conseil constitutionnel qui avait entouré certaines de ses dispositions de réserves d'interprétation ainsi résumées : « *Considérant, en troisième lieu, que les dispositions d'une loi d'habilitation ne sauraient avoir ni pour objet ni pour effet de dispenser le Gouvernement, dans l'exercice des pouvoirs qui lui sont conférés en application de l'article 38 de la Constitution, de respecter les règles et principes de valeur constitutionnelle, ainsi que les normes internationales et européennes applicables ; qu'en particulier, les dispositions relatives à la commande publique devront respecter les principes qui découlent des articles 6 et 14 de la Déclaration de 1789 et qui sont rappelés par l'article 1^er^ du nouveau Code des marchés publics (...)* »[12]. Or, l'on constate que, le Conseil d'État confronte effectivement d'autres articles de l'ordonnance attaquée à ces réserves dont il affirme qu'elles s'imposent « avec l'autorité qui s'attache à la chose jugée ».

Il semble donc résulter de cet arrêt complexe que le juge administratif ne contrôle la conformité de l'ordonnance aux normes constitutionnelles que dans le cas où celles-ci ont été exposées dans les directives d'interprétation données par le Conseil constitutionnel au sujet de certaines dispositions de la loi d'habilitation, mais qu'il s'abstient en revanche de contrôler la conformité de l'ordonnance à la Constitution indépendamment d'une réserve formelle et précise du Conseil constitutionnel.

## C. LES NORMES CONVENTIONNELLES

Le Conseil constitutionnel rajoute désormais à sa formule traditionnelle selon laquelle la loi d'habilitation ne saurait dispenser le gouvernement de respecter les règles et principes de valeur constitutionnelle la formule complémentaire « *ainsi que les normes internationales ou européennes* »[13]. L'affirmation est surprenante puisque le Conseil constitutionnel a toujours considéré, depuis sa décision *IVG* de 1975, qu'une loi contraire à un traité n'est pas de ce seul fait contraire à la Constitution et qu'il n'est donc pas juge de

11. CE sect., 27 oct. 2004, *Sueur*, n° 269814.
12. Cons. const., 26 juin 2003, n° 2003-473 DC, *Loi habilitant le gouvernement à simplifier droit.*
13. Cons. const., n° 2003-473 DC, précité ; Cons. const., 25 juill. 2005, n° 2005-521 DC, *Loi habilitant le gouvernement à prendre des mesures d'urgence pour l'emploi.*

la conventionnalité des lois. Il n'a donc pas, en principe, à se soucier de savoir si la loi d'habilitation qu'il examine permet de contrarier le droit international ou européen. C'est au seul juge ordinaire, désormais, qu'il appartient d'écarter, le cas échéant, l'application d'une loi qu'il juge inconventionnelle.

Le Conseil d'État semble cependant s'être finalement totalement rallié aux exigences manifestées par le Conseil constitutionnel en effectuant, dans un arrêt *CGT* de 2005, un contrôle direct d'une ordonnance par rapport au droit constitutionnel, au droit international et européen et aux principes généraux du droit, sans passer aucunement par l'interprétation de la loi d'habilitation[14]. Au lieu de constater que la loi d'habilitation du 26 juillet 2005 n'avait pas permis (ou pu permettre) au gouvernement de déroger à ces normes en vertu des réserves du Conseil constitutionnel, le Conseil d'État, confronte directement l'ordonnance à la Constitution, au droit international et européen et aux principes généraux du droit, en faisant en quelque sorte « comme si » la loi d'habilitation n'était pas en cause. Il écarte ainsi complètement l'écran législatif. La rédaction de l'arrêt est très révélatrice et montre que le Conseil d'État distingue d'abord le moyen tiré de la méconnaissance de la loi d'habilitation et ensuite, de façon séparée, les moyens tirés de la méconnaissance de la Déclaration de 1789, du principe d'égalité, des droits de la défense, de la Convention internationale du travail, de la Charte sociale européenne et de directives européennes. Théoriquement, il devrait vérifier seulement la conformité de l'ordonnance à la loi d'habilitation en précisant que celle-ci ne peut, conformément aux directives du Conseil constitutionnel, avoir permis de déroger au droit conventionnel et constitutionnel. En d'autres termes le juge administratif devrait simplement constater qu'une violation éventuelle de ces règles « excède les termes de l'habilitation législative ». Au lieu de quoi il ne mentionne pas la loi d'habilitation et confronte directement l'ordonnance aux normes constitutionnelles et conventionnelles. On ne saurait mieux résumer le « déclin de la loi » dans le droit contemporain.

L'on ne sait trop, à vrai dire, comment interpréter ces décisions quelque peu contradictoires rendues par le Conseil d'État. Soit l'on considère que le juge administratif contrôle désormais dans tous les cas la conformité de l'ordonnance à la Constitution, quels que soient

14. CE sect., 19 oct. 2005, *CGT*, n° 283471.

les termes de l'habilitation et l'interprétation que l'on peut en donner, soit l'on admet que dans le cas où la loi d'habilitation permet de déroger à la Constitution le juge administratif demeure contraint de s'incliner devant les termes du législateur. Ou l'arrêt *CGT* constitue un revirement par rapport à la solution de l'arrêt *Sueur*, ou celui-ci demeure valable en cas de disposition de la loi d'habilitation permettant une dérogation aux principes constitutionnels.

De son côté, le juge judiciaire civil s'est aussi reconnu compétent pour écarter l'application d'une ordonnance non ratifiée contraire au droit international jugeant que « la séparation des pouvoirs interdit au juge judiciaire d'exercer sa censure sur les actes de l'exécutif mais ne lui interdit pas d'en vérifier la compatibilité avec des conventions internationales qu'il a l'obligation d'appliquer étant directement applicables en droit interne »[15].

Il résulte donc des jurisprudences cumulées du Conseil constitutionnel et du Conseil d'État que l'introduction de la question préjudicielle de constitutionnalité ne changera pas forcément grand-chose au sujet des lois d'habilitation dont le juge ordinaire semble avoir déjà appris à se passer pour contrôler directement la conformité des ordonnances non ratifiées à la Constitution. En revanche, cette réforme pourra influer sur le sort des ordonnances ratifiées, ayant donc acquis force de loi.

## Section 2 Après la ratification

La délégation de l'article 38 comme celle des anciens décrets-lois, est accordée par le parlement sous condition d'un contrôle ultérieur par voie de ratification (§1). La loi de ratification, si elle intervient, peut être déférée au Conseil constitutionnel qui peut donc, à cette occasion, effectuer un contrôle des ordonnances (§2). L'ordonnance ratifiée acquiert force de loi depuis sa signature et ne peut plus voir sa constitutionnalité contrôlée par le juge ordinaire, seule une question préjudicielle de constitutionnalité peut être envisagée tandis que le contrôle de conventionnalité reste aussi possible (§3). Se pose enfin la question de la modification des ordonnances de l'article 38 (§4).

15. Cour d'appel de Paris, 20 oct. 2006,18ᵉ ch., nᵒ 06/06992.

## § 1. LA RATIFICATION PARLEMENTAIRE

Par la ratification le parlement reprend donc à son compte les mesures prises par le gouvernement en ses lieu et place. Il récupère ainsi, en quelque sorte, la compétence déléguée.

Toutefois, si la Constitution impose au gouvernement de déposer le projet de loi de ratification dans le délai indiqué par la loi d'habilitation, à peine de caducité des ordonnances, elle n'impose nullement la discussion et le vote de ce projet qui dépendent donc de son inscription à l'ordre du jour. Celui-ci demeure encore assez largement maîtrisé par le gouvernement. Rares au début de la Ve République, les ratifications se sont cependant multipliées depuis à proportion de la forte augmentation des habilitations et de la nécessité de garantir la sécurité juridique des ordonnances.

Mais le contrôle parlementaire ainsi opéré est parfois très formel notamment lorsque l'ordonnance en cause procède à la codification de toute une matière et que ledit code n'est même pas joint au projet de loi de ratification. Il arrive en effet que les parlementaires soient invités à effectuer des « ratifications balais » de tout un train d'ordonnances dont le contenu ne leur est même pas soumis[16].

Dans d'autres cas le contenu du projet de loi, comportant moult modifications des ordonnances ratifiées, est pratiquement illisible. Trois lois de ratification d'ordonnances portant actualisation et adaptation du droit applicable outre-mer (une loi du 9 décembre 1999 et deux lois du 28 décembre 1999) ont ainsi indiqué, dans leur article 1er : « Sont ratifiées, telles que modifiées par les dispositions de la présente loi, les ordonnances suivantes ». Et l'on trouve ensuite, dans lesdites lois, plusieurs pages de modification d'ordonnances et d'autres textes législatifs. Le même procédé apparaît dans la loi du 21 février 2007 portant également sur le droit d'outre-mer[17].

Toutefois, la ratification expresse n'est pas la seule forme existante puisque le Conseil d'État, suivi par le Conseil constitutionnel et la Cour de cassation, avait admis la possibilité d'une ratification implicite des ordonnances lorsque, en adoptant une loi nouvelle, le législateur manifeste implicitement mais clairement sa volonté de reprendre à son compte les dispositions d'une ordonnance, notam-

16. G. Lethuillier, *La ratification expresse des ordonnances de l'article 38 de la Constitution, LPA,* 23 oct. 2009, n° 212, p. 9.
17. Voir les statistiques de ratifications *in Les ordonnances – bilan au 31 décembre 2007,* Sénat, n° EJ 4, mars 2008.

ment en modifiant certaines de ses dispositions[18]. Cette possibilité de ratification implicite a le mérite pratique, par sa souplesse, de permettre une mise à l'abri contre les recours contentieux, indépendamment d'une ratification expressément organisée.

Toutefois, cette solution restait discutable car l'article 38, faisant référence à un projet de loi de ratification, semble bien exiger une ratification expresse. Elle était aussi régulièrement dénoncée comme source d'insécurité juridique car la jurisprudence était fluctuante sur les critères de reconnaissance d'une ratification implicite et qu'il était souvent difficile de déterminer si telle ou telle disposition d'une ordonnance avait été ou non implicitement ratifiée et si donc elle avait acquis force de loi ou pas[19]. On peut également s'interroger sur ce que cette technique peut révéler d'éventuelles caducités occultées. En effet, si l'on admet qu'une ratification puisse se faire de façon quasi-clandestine, au détour d'un texte législatif qui vient simplement modifier accessoirement le contenu d'une ordonnance, cela signifie peut-être qu'aucun projet de loi tendant à la ratifier n'a jamais été déposé dans les délais conformément aux prescriptions de l'article 38. L'usage dévoyé des délégations législatives depuis quelques années laisse supposer l'existence possible de quelques situations juridiquement baroques.

Cette possibilité a donc été supprimée par la révision constitutionnelle du 23 juillet 2008 qui a ajouté à la fin du deuxième alinéa de l'article 38 la précision : « Elles ne peuvent être ratifiées que de manière expresse ». Généralement bien accueillie, cette nouvelle précaution constitutionnelle recèle cependant quelques effets pervers et pourrait manifester rapidement ses limites[20]. Le Conseil d'État a en effet jugé que la nouvelle exigence constitutionnelle n'a pas d'effet rétroactif et ne remet donc pas en cause les ratifications implicites qui pourraient résulter de dispositions législatives

---

18. CE, 25 janv. 1957, *Sté des établissements charlionais*, Rec. 54; CE, 10 juill. 1972, *Compagnie Air Inter*, *Rec.* 814; Cons. const., 27 févr. 1972, 72-73 L; Cons. const., 23 janv. 1987, n° 86-224 DC; Cass. com., 6 oct. 1992, *Sociétés Colas Sud Ouest et autres*, n° 90-16755; T. confl., 19 mars 2007, *Préfet de l'Essonne c/ Cour d'appel de Paris*, n° 3622.

19. Y. Gaudemet, « Sur l'abus ou sur quelques abus de la législation déléguée », *in Mélanges en l'honneur de Pierre Pactet*, Dalloz, 2003, p. 624; C. Castaing, « La ratification implicite des ordonnances de codification – Haro sur "La grande illusion" », *RFD const.* 2004, n° 58, p. 275.

20. P. de Montalivet, « La ratification des ordonnances », *LPA* n° 254, 19 déc. 2008, p. 60; G. Feldman, « Le leurre de la ratification expresse des ordonnances de l'article 38 de la Constitution », VIII^e congrès de l'AFDC, Nancy, juin 2011, atelier n° 6, www.afdc.fr.

antérieures à son entrée en vigueur[21]. En outre, le législateur a désormais souvent pour habitude de modifier très rapidement et copieusement des ordonnances récemment adoptées par le gouvernement dont on voit mal comment l'on pourrait alors nier qu'elles ont bel et bien fait l'objet d'un examen et d'une appropriation parlementaires. Leur ratification paraît évidente mais la Constitution la refuse cependant.

La nouvelle exigence constitutionnelle ne signifie pas que le législateur soit désormais tenu d'adopter un texte mentionnant expressément dans son titre « loi portant ratification » ou « loi tendant à la ratification ». Il arrive en effet souvent que la ratification expresse soit contenue dans des articles d'une loi quelconque ne mentionnant pas la ratification dans son titre même. L'essentiel, au regard de la nouvelle disposition de l'article 38, est que le législateur dispose clairement, dans un ou plusieurs articles d'une loi que « sont ratifiées les dispositions de l'ordonnance... ».

Dans l'hypothèse où le parlement refuserait de ratifier une ordonnance (ou l'une ou certaines de ses dispositions), celle-ci ne deviendrait pas caduque pour autant. Elle demeure en vigueur avec le régime d'un acte administratif puisque c'est seulement la ratification qui lui fait défaut. Seul le vote d'une disposition « positive » abrogeant l'ordonnance la ferait disparaître de l'ordre juridique.

## § 2. LE CONTRÔLE DU CONSEIL CONSTITUTIONNEL SUR LA LOI DE RATIFICATION

La ratification prenant la forme d'une loi parlementaire ordinaire peut donc être déférée au Conseil constitutionnel avant sa promulgation, permettant ainsi un contrôle du contenu de l'ordonnance à travers la loi qui la ratifie.

Mais le contrôle du Conseil ne peut ici s'effectuer que par rapport aux normes de référence habituelles, il ne vérifiera pas la conformité de l'ordonnance à la loi d'habilitation puisque l'ordonnance ratifiée devient elle-même une loi et n'est donc plus soumise au respect d'une autre loi. Le Conseil constitutionnel juge ainsi « qu'est inopérant à l'encontre d'une loi de ratification le grief tiré de ce que l'ordonnance ratifiée aurait outrepassé les limites de

21. CE, 11 mars 2011, *M. Benzoni*, req. n° 341658, *AJDA* 2011, p. 534, note S. Brondel.

l'habilitation »[22]. De même le Conseil n'aura pas à contrôler la conformité de l'ordonnance ratifiée au droit international ou à un principe général du droit de valeur législative.

Les seules normes de référence, pour le contrôle *a priori* de la loi de ratification, sont donc la Constitution, son préambule, les règles et principes à valeur constitutionnelle et les lois organiques. Toutefois, pour les ordonnances de transposition d'une directive européenne il faudra compter avec la jurisprudence récente du Conseil constitutionnel en la matière qui se fonde sur les articles 88-1 et 88-2 de la Constitution pour juger que la transposition correcte des directives résulte d'une exigence constitutionnelle sauf dans le cas où ladite disposition heurterait un élément inhérent à l'identité constitutionnelle de la France[23].

Le contrôle *a priori* du Conseil constitutionnel et celui du Conseil d'État se complètent donc parfaitement mais celui du Conseil constitutionnel est relativement rare. Il faut enfin noter que si le Conseil constitutionnel invalide la loi de ratification au motif qu'une disposition de l'ordonnance n'est pas conforme à la Constitution, là encore, en principe, l'ordonnance elle-même n'est pas invalidée, elle est seulement non ratifiée c'est-à-dire qu'elle demeure en vigueur en tant qu'acte administratif fût-il inconstitutionnel.

## § 3. LE CONTRÔLE *A POSTERIORI* DE L'ORDONNANCE RATIFIÉE

Il y a encore quelques années cette section n'aurait pas eu lieu d'être puisque l'ordonnance ratifiée acquiert force de loi et que cela a longtemps été synonyme d'immunité contentieuse totale, seule l'existence d'un tel acte pouvant être vérifiée par les juridictions.

Il n'en est déjà plus de même déjà depuis les jurisprudences *Jacques Vabre* (1975) et *Nicolo* (1989) par lesquelles la Cour de cassation et le Conseil d'État admettent d'écarter l'application, dans un litige, d'une loi, même postérieure, contraire à une norme internationale ou européenne. Il en va pareillement des ordonnances ratifiées. Compte tenu du recours fréquent aux ordonnances en matière de transposition des directives, ce contentieux potentiel est important.

22. Cons. const., 2 déc. 2004, n° 2004-506 DC, *Simplification du droit.*
23. Cons. const., 10 juin 2004, n° 2004-496 DC, *Économie numérique* ; Cons. const., 27 juin 2006, n° 2006-540 DC, *Droit d'auteur et droits voisins.*

En outre, il convient d'observer qu'il est parfois arrivé au législateur de procéder à la ratification d'une ordonnance dans le but exclusif de la soustraire justement à une contestation contentieuse. Le Conseil d'État juge traditionnellement que l'ordonnance acquiert force de loi dès sa signature et que l'effet rétroactif de la ratification prive d'objet les recours pendants. Mais pour tirer les conséquences logiques de sa jurisprudence sur les validations législatives le juge administratif a cependant récemment introduit une exception audacieuse à ce principe : « *Considérant qu'il résulte de ces dispositions de la Constitution que, dès lors que sa ratification est opérée par le législateur, une ordonnance acquiert valeur législative à compter de sa signature ; qu'il suit de là qu'en cas de ratification, la légalité d'une ordonnance ne peut plus en principe être utilement contestée devant la juridiction administrative ; qu'il ne pourrait en aller autrement que dans le cas où la loi de ratification s'avérerait incompatible avec une convention internationale, et notamment dans un domaine entrant dans le champ d'application de l'article 6 de la convention européenne de sauvegarde des droits de l'homme et des libertés fondamentales, avec les stipulations de cet article, au motif qu'en raison des circonstances de son adoption, cette loi aurait eu essentiellement pour but de faire obstacle au droit de toute personne à un procès équitable* »[24].

Mais il va falloir en plus compter désormais avec la question prioritaire de constitutionnalité. Si, en effet, un justiciable estime qu'une ordonnance ratifiée porte atteinte à un droit ou une liberté constitutionnellement garanti, il sera possible à l'avenir que la juridiction saisie au fond transmette la question au Conseil d'État ou à la Cour de Cassation qui pourront, à leur tour, en saisir le Conseil constitutionnel.

On le voit donc, pour plagier le général de Gaulle qui affirmait avec humour « *Après moi ce que je redoute ce n'est pas le vide mais le trop-plein* », en matière de contrôle des ordonnances on observe aussi aujourd'hui plutôt l'excès que la carence. La loi d'habilitation, l'ordonnance non ratifiée, puis la loi de ratification et enfin l'ordonnance ratifiée, tout peut désormais être contrôlé à chaque étape. Ceux qui voudraient, comme le gouvernement Chirac en 1986, recourir aux ordonnances de l'article 38 pour échapper au contrôle juridictionnel feraient assurément fausse route car la

24. CE, 8 déc. 2000, *M. Hoffer et autres*, *RFDA* 2001, p. 455, concl. Maugüé ; CE, 17 mai 2002, *M. Hoffer et autres*, n° 232359.

procédure des ordonnances est semée d'embûches et ne constitue certainement plus la « voie royale » chère à Charles X.

## § 4. LA MODIFICATION DES ORDONNANCES

Pour ce qui est de la modification possible des ordonnances par le gouvernement après l'expiration du délai d'habilitation il faut aussi prendre en compte l'existence ou non d'une ratification ainsi que la nature de la disposition en cause.

L'article 38 dispose, en effet, qu'à l'expiration du délai d'habilitation, les ordonnances ne peuvent plus être modifiées que par la loi dans les matières qui sont du domaine législatif.

Le Conseil d'État en a déduit : « *Considérant qu'il résulte de ces dispositions que si une ordonnance prise sur le fondement de l'article 38 de la Constitution conserve, aussi longtemps que le Parlement ne l'a pas ratifiée expressément ou de manière implicite, le caractère d'un acte administratif, celles de ses dispositions qui relèvent du domaine de la loi ne peuvent plus, après l'expiration du délai de d'habilitation conférée au gouvernement, être modifiées ou abrogées que par le législateur ou sur le fondement d'une nouvelle habilitation qui serait donnée au gouvernement; que l'expiration du délai fixé par la loi d'habilitation fait ainsi obstacle à ce que l'autorité investie du pouvoir réglementaire fasse droit à une demande d'abrogation portant sur les dispositions d'une ordonnance relevant du domaine de la loi, quand bien même seraient-elles entachées d'illégalité* »[25].

Ceci signifie donc, logiquement, que le gouvernement peut modifier par décret des dispositions réglementaires contenues dans une ordonnance. Celle-ci n'étant cependant pas ratifiée, elle n'est pas en principe un « acte de forme législative » au sens des dispositions de l'article 37§2 et n'a donc pas à être préalablement délégalisée par le Conseil constitutionnel. Un simple décret suffit à modifier à tout moment une disposition réglementaire d'une ordonnance non ratifiée. Cependant, en vertu du principe du parallélisme des compétences et procédures la délibération en Conseil des ministres et la consultation du Conseil d'État sont nécessaires pour le décret modificatif puisqu'elles le sont pour l'ordonnance initiale[26].

---

25. CE ass., 11 déc. 2006, *Conseil national de l'ordre des médecins*, n° 279517.
26. CE, 30 juin 2003, *Fédération régionale ovine du Sud-Est*, n° 236571.

Cette possibilité disparaît cependant après la ratification qui transforme effectivement l'ordonnance en loi, celle-ci ne pouvant plus alors être modifiée dans ses dispositions réglementaires qu'après délégalisation par le Conseil constitutionnel statuant selon la procédure de l'article 37§2.

Si la procédure curative de l'article 37§2 est applicable aux ordonnances de l'article 38, la procédure préventive est également prévue en ce sens que l'article 41 prévoit que « s'il apparaît au cours de la procédure législative qu'une proposition ou un amendement (...) est contraire à une délégation accordée en vertu de l'article 38, le gouvernement *ou le président de l'assemblée saisie*[27] peut opposer l'irrecevabilité ». En cas de désaccord le Conseil constitutionnel saisi par l'un ou l'autre statue dans un délai de 8 jours. La notion de « contrariété » à une délégation accordée en vertu de l'article 41 signifie, bien qu'il n'y ait aucun cas d'application de cette procédure et donc aucune jurisprudence certaine, que, durant la période pendant laquelle le gouvernement est autorisé à prendre des ordonnances pour une finalité et dans un domaine définis, le gouvernement peut s'opposer à ce que le parlement tente de légiférer lui-même en la matière, notamment en voulant modifier une ordonnance qui vient d'être adoptée. Le terme « contraire à une délégation » ne doit cependant pas être interprété comme signifiant aussi contraire à la Constitution puisque le Conseil constitutionnel, dans la logique de la jurisprudence *Blocage des Prix*, a admis la validité d'une disposition législative modifiant en cours d'habilitation, une ordonnance du gouvernement, après avoir constaté que celui-ci n'avait pas opposé l'irrecevabilité[28]. Ce n'est donc, là aussi, qu'une faculté pour le gouvernement dont il est libre de ne pas faire usage et la proposition ou l'amendement qu'il laisserait ainsi contrarier la délégation n'est donc pas pour autant contraire à la Constitution.

On voit donc, en conclusion, que le régime des ordonnances de l'article 38 est extrêmement complexe en raison du caractère hybride de ces actes, organiquement administratifs mais matériellement législatifs.

---

27. Introduit par la révision constitutionnelle de 2008.
28. Cons. const., 23 janv. 1987, n° 86-224 DC, *Conseil de la concurrence* (cons. 12 à 14).

Cette complexité s'est largement accrue du fait de l'intervention, préventive et désormais aussi *a posteriori*, du Conseil constitutionnel qui rigidifie la pratique et transforme le recours aux ordonnances en un parcours d'obstacles. L'introduction du contrôle de conventionnalité (et surtout de « communautarité ») resserre encore l'étau sur l'exercice du pouvoir délégué au gouvernement.

Mais c'est surtout l'explosion quantitative des habilitations législatives et leur utilisation systématique dans des domaines déjà juridiquement complexes par nature, tels que la codification, la simplification, la transposition ou l'adaptation du droit qui, jointes à ces nouvelles exigences juridiques, finit par transformer ce procédé en casse-tête explosif menaçant tout à la fois pour la démocratie et la sécurité juridique. On justifie le recours aux ordonnances par l'encombrement de l'ordre du jour parlementaire tandis que celui-ci s'engorge cependant toujours plus, notamment de dispositions législatives ratifiant ou modifiant des ordonnances fraîchement adoptées.

C'est toute une pathologie normative qu'il conviendrait sans doute de redresser mais ce diagnostic, universellement et constamment effectué, s'accompagne malheureusement d'une impuissance tout aussi générale et d'une fuite en avant infernale où l'on se propose toujours de remédier à l'amoncellement de normes par l'adoption de nouvelles normes.

Les débats sur la loi constitutionnelle de 2008 ont montré l'inquiétude des parlementaires sur ce point et leur parfaite conscience du recours excessif aux ordonnances et de la dépossession du parlement qui en résulte. Ils ont toutefois renoncé à tous leurs amendements hormis l'exigence d'une ratification explicite qui a été acceptée.

Les travaux préparatoires de la Constitution montrent que les constituants avaient envisagé une utilisation relativement exceptionnelle de l'article 38 d'autant que la délimitation du domaine de la loi était censée remédier aux problèmes de répartition des compétences normatives entre les pouvoirs[29]. Il est bien certain que la banalisation actuelle du recours aux ordonnances n'est pas conforme à l'intention des pères fondateurs mais ce ne sera pas la seule distorsion observée entre les projections des constituants de

29. Documents pour servir à l'histoire de la Constitution du 4 octobre 1958, spéc. vol. 1, p. 463,482 ; vol. II. p. 285 et s.

1958 et la réalité contemporaine. On avait, sous la IIIe République, qualifié le recours aux décrets-lois de « dictature tempérée par l'anarchie », la disparition de ce « tempérament » aurait dû conduire à modérer le recours à ce procédé mais c'est finalement l'inverse qui s'est produit.

## CHAPITRE 4

# LES ORDONNANCES DE L'ARTICLE 74-1

La révision constitutionnelle du 28 mars 2003 relative à l'organisation décentralisée de la République a rajouté à l'article 74 déjà passablement modifié un nouvel article 74-1, légèrement retouché encore par la révision du 23 juillet 2008, ainsi rédigé :

« *Dans les collectivités d'outre-mer visées à l'article 74 et en Nouvelle-Calédonie le gouvernement peut, par ordonnances, dans les matières qui demeurent de la compétence de l'État, étendre, avec les adaptations nécessaires, les dispositions de nature législative en vigueur en métropole ou adapter les dispositions de nature législative en vigueur à l'organisation particulière de la collectivité concernée, sous réserve que la loi n'ait pas expressément exclu, pour les dispositions en cause, le recours à cette procédure.*

*Les ordonnances sont prises en Conseil des ministres après avis des assemblées délibérantes et du Conseil d'État. Elles entrent en vigueur dès leur publication. Elles deviennent caduques en l'absence de ratification par le Parlement dans le délai de dix-huit mois suivant cette publication* »[1].

On le voit donc immédiatement, il ne s'agit pas ici d'une délégation du parlement mais d'une habilitation constitutionnelle directe. Nous ne sommes plus en présence d'une compétence législative exceptionnelle et provisoire du gouvernement mais d'une compétence permanente qui ne peut être écartée que par une disposition législative expresse. Cette exclusion législative étant cependant postérieure à la révision constitutionnelle, il serait possible au législateur ordinaire de réduire finalement la compétence gouvernementale à néant, ce qui paraît tout de même bizarre du point de vue de la hiérarchie des normes et de la cohérence normative.

1. Les collectivités concernées sont actuellement la Nouvelle-Calédonie, la Polynésie française, Wallis et Futuna, Saint-Pierre et Miquelon, Saint-Martin et Saint-Barthélemy.

Mais, de surcroît, l'article 74 est affecté d'une incohérence supplémentaire en ce sens que les ordonnances deviennent caduques si elles ne sont pas effectivement ratifiées par le parlement dans le délai de dix-huit mois. Généralement les ratifications parlementaires sont la contrepartie d'habilitations également parlementaires et l'on a vu que les ordonnances de l'article 92 comme les décisions de l'article 16 ou les ordonnances référendaires n'étaient logiquement pas soumises à ratification. On verra aussi que les articles 47 et 47-1 de la Constitution ne prévoient pas non plus de ratification des ordonnances financières[2]. L'habilitation constitutionnelle permanente instituée à l'article 74-1 repose sur l'idée que le parlement n'est pas intéressé par cette législation ultra-marine complexe ou qu'il est mal outillé pour en discuter, mais on l'oblige cependant à s'en saisir *in fine* pour le débat de ratification, faute de quoi les ordonnances disparaissent. La démarche n'est pas d'une cohérence irréprochable et la rédaction de l'article laisse pour le moins à désirer.

En réalité il ne s'agit ni plus ni moins que d'une forme de retour aux anciens décrets coloniaux. L'article 27 de la Constitution du 14 janvier 1852 prévoyait en effet que « *Le Sénat règle par un sénatus-consulte la constitution des colonies et de l'Algérie* » et le sénatus-consulte du 3 mai 1854 disposait à son tour, dans son article 18, que « *Les colonies sont régies par décret* »[3]. L'article 72 de la Constitution de 1946 prévoyait aussi qu'en ce qui concerne les territoires d'outre-mer « *par dérogation à l'article 13*[4]*, des dispositions particulières à chaque territoire pourront être édictées par le président de la République en Conseil des ministres sur avis préalable de l'Assemblée de l'Union* ».

Le régime de ces nouvelles ordonnances se caractérise par quelques traits spécifiques. Le système de l'article 38 est d'abord inversé puisqu'il faut une loi non pas pour permettre les ordonnances mais pour les exclure. Les adaptations réalisées par ordonnances doivent être « nécessaires » ce qui permet en théorie un contrôle objectif du juge administratif, avant la ratification, sur l'effectivité de cette nécessité. Le parlement conserve en principe une compétence concurrente puisque le constituant n'a pas prévu d'irrecevabilité des propositions de loi ou ordonnances qui interviendraient en la matière. La ratification obligatoire dans les dix-huit mois doit être faite par le « parlement » lui-même, ce qui

---

2. V. *infra*, quatrième partie, chapitre 1.
3. CE, 26 juin 1959, *Syndicat général des ingénieurs-conseils*, *GAJA*, n° 83.
4. Article 13 : l'Assemblée nationale vote seule la loi. Elle ne peut déléguer ce droit.

exclut, par exemple, une ratification effectuée par le biais d'une ordonnance de l'article 38. Enfin, le délai de ratification étant court, les ordonnances ne sont appelées à rester des actes administratifs que pendant un temps relativement bref, ne laissant pas beaucoup de temps pour des actions contentieuses sauf les cas de recours pour excès de pouvoir direct ou de référé. Effectivement, le Conseil d'État a déjà eu l'occasion d'accueillir plusieurs référés et recours pour excès de pouvoir contre des ordonnances non encore ratifiées[5]. La doctrine qui avance que dans le cas d'une habilitation constitutionnelle les actes de l'exécutif pris en matière législative ne sont pas discutables au contentieux sera assurément perturbée par ce nouveau type d'ordonnances car on voit mal comment il eût été possible de leur reconnaître force de loi avant une ratification dûment prévue par l'habilitation constitutionnelle.

Cette obligation de ratification à peine de caducité explique sans doute le faible succès de cette disposition à laquelle le gouvernement préfère finalement l'article 38, plus cohérent et commode. L'on constate, en effet, qu'après quelques rares usages de l'article 74-1, les gouvernements se sont rabattus sur l'article 38 pour procéder à l'extension et à l'adaptation du droit aux collectivités d'outre-mer[6]. Ce n'est là qu'un avatar parmi tant d'autres de la rédaction hasardeuse de la révision constitutionnelle de 2003, surtout dans sa partie ultra-marine. Rien n'empêche cependant le gouvernement, lorsqu'il pressent qu'une ordonnance de l'article 74-1 va devenir caduque, faute de ratification dans le délai de dix-huit mois, de reprendre une ordonnance identique[7].

---

5. CE, 28 oct. 2005, référé, n° 286451, *M. René-Georges A.* ; CE, 6 juill. 2006, référé, n° 294135, *Président de la Polynésie française* ; CE, 9 nov. 2006, référé, n° 298553, *Mlle Sabrina Manutea A.* ; CE, 29 déc. 2006, req. n° 287965, *M. René-Georges A.* ; CE, 12 janv. 2007, req. n° 293542, *M. Flosse et Polynésie française*, *Rec.* n° 12.
6. Sénat, *Les ordonnances – Bilan au 31 décembre 2007*, n° EJ 4, mars 2008, p. 33 ; A. Jennequin, *Les ordonnances de l'article 74-1 de la Constitution – Bilan de la pratique*, *RFDA* 2008, n° 5, p. 920.
7. P. Mbongo, *Caducité des ordonnances de l'article 74-1 et légistique*, *AJDA* 2009, p. 2267.

# TROISIÈME PARTIE
# LES POUVOIRS D'URGENCE

Les interventions de l'exécutif dans le domaine législatif sous l'effet de l'urgence regroupent ce qu'il est convenu d'appeler la jurisprudence des circonstances exceptionnelles (Chapitre 1), l'article 16 de la Constitution qui en est une traduction textuelle (Chapitre 2) et l'urgence financière (Chapitre 3).

CHAPITRE 1

# LA JURISPRUDENCE DES CIRCONSTANCES EXCEPTIONNELLES

La jurisprudence dite des circonstances exceptionnelles, qu'il vaudrait mieux qualifier de jurisprudence (ou de théorie) de la nécessité ou de l'urgence, a devancé les textes en matière de substitution des organes exécutifs au parlement. L'on peut même considérer que la première application de cette jurisprudence a justement concerné l'intervention de l'exécutif dans le domaine de la loi et non pas l'extension des pouvoirs de police administrative comme on l'indique souvent[1].

Le droit français n'a, en effet, pas attendu l'article 16 de la Constitution de 1958, pour comprendre l'inévitable confusion des pouvoirs qu'impliquent les situations de crise. Il ne faut jamais perdre de vue, en outre, que ce que le juge valide *a posteriori* dans sa jurisprudence, ce sont des substitutions de compétence que l'autorité administrative s'est d'abord elle-même autorisée à effectuer spontanément.

Si les arrêts dans lesquels le juge administratif se prononce sur des interventions de l'exécutif dans le domaine de la loi sont assez peu nombreux, il ne faut pas oublier non plus que le contentieux ne constitue que la partie émergée de l'iceberg administratif et que les dérogations à la séparation des pouvoirs sont bien plus importantes en pratique que ce que laissent entrevoir les quelques cas contestés. Il est aussi évident que cette jurisprudence bien établie constitue elle-même une incitation pour le gouvernement à ignorer la séparation des pouvoirs puisqu'il sait à l'avance qu'il bénéficiera de la bienveillance du juge.

Si donc l'on peut affirmer qu'il existe un fondement, une habilitation jurisprudentielle pour ces transferts de compétence, il convient de garder à l'esprit qu'il y a d'abord, avant tout, une

1. CE, 30 juill. 1915, *Général Verrier*, *Rec.* 257, au sujet d'un décret suspendant une mesure législative relative à la fonction publique militaire ; CE, 28 juin 1918, *Heyriès*, *Rec.* 651 ; *S.* 1922, p. 49, note HAURIOU ; *GAJA* n° 33.

auto-habilitation du gouvernement à se substituer au législateur en cas de nécessité et donc une habilitation « spontanée ».

Deux points sont ici à prendre en considération : d'une part, la distinction théorique entre urgence et nécessité ainsi que les effets respectifs de ces deux notions, d'autre part le degré de contrôle du juge sur ces transferts de compétence et, par voie de conséquence, l'étendue possible des dérogations.

## Section 1 Les notions de nécessité et d'urgence

Les juristes, aussi bien publicistes que privatistes, qui se sont penchés sur la place respective de ces deux notions, arrivent tous à la même conclusion : l'urgence n'est qu'une catégorie de la nécessité, c'est la nécessité d'agir vite. Une décision n'est qualifiée d'urgente que si elle est nécessaire, en revanche, une décision nécessaire n'est pas forcément urgente si la menace qui pèse sur l'intérêt à préserver n'est pas suffisamment imminente pour exiger une intervention immédiate. Indissociable de la nécessité qui en fait partie intégrante, l'urgence ne se confond pas avec elle puisqu'elle ne concerne que les hypothèses où le facteur temporel joue un rôle primordial, où la nécessité se double de la célérité.

L'urgence c'est donc la nécessité affectée d'un coefficient « temps » : une décision urgente est une décision qui non seulement est nécessaire mais, de plus, ne souffre pas de retard. C'est en quelque sorte la nécessité munie d'un gyrophare.

Il reste alors à déterminer si cette différence conceptuelle se prolonge d'une différence d'effets dérogatoires. Notons cependant que l'urgence ou la nécessité ne provoquent pas toujours de dérogations au droit, elles peuvent, par exemple, transformer simplement une faculté en obligation ou une obligation d'agir existante en obligation d'agir vite sans qu'il y ait besoin de contourner une règle juridique[2].

Si la nécessité est une composante de l'urgence, l'on peut admettre que ce qui est permis par la nécessité l'est *a fortiori* aussi par la nécessité d'agir vite. Ainsi Roger Pallard[3] affirme-t-il que

2. P.-L. Frier, *L'urgence*, LGDJ, 1987, p. 17.
3. *L'exception de nécessité en droit civil*, LGDJ, 1948, p. 246.

l'urgence pourrait toujours être remplacée par la nécessité dans l'énoncé d'une règle de droit. Mais l'inverse est-il exact ? Pourrait-on toujours remplacer le terme de nécessité par celui d'urgence dans une norme juridique ? La réponse est négative : ce qui est urgent est forcément nécessaire mais ce qui est nécessaire n'est pas forcément urgent. Nécessité et nécessité immédiate ne semblent pas devoir produire les mêmes effets : l'imminence d'une menace permet des dérogations supplémentaires par rapport à ce qu'autoriserait la seule existence de cette menace. Mais quelle est alors la nature de ces dérogations supplémentaires, qu'est-ce que l'urgence permet de faire de plus que la seule nécessité ?

Il apparaît, d'un point de vue strictement logique, que ce sont essentiellement les dispositions de compétence et de procédure que l'urgence permet de malmener puisque ce sont elles qui prennent du temps. On voit mal, *a priori,* quelle influence pourrait avoir la rapidité de l'action sur son contenu qui ne saurait, en théorie, être affecté que par la seule nécessité. L'on pourrait cependant admettre que, prise par le temps, l'autorité qui intervient dans l'urgence puisse ne pas avoir le recul et le délai suffisants pour prendre une décision strictement adéquate et proportionnée et se trouve donc contrainte d'adopter des mesures plus brutales et rigoureuses, l'impératif de nécessité étant alors sacrifié à celui de célérité. Par exemple, l'enlèvement d'affiches suspectes de collaboration avec l'ennemi s'impose pendant la guerre, mais le décollage du papier prenant trop de temps, le préfet va pouvoir ordonner l'arrachage des supports matériels des affiches[4]. Ce qui est seulement nécessaire c'est l'enlèvement des affiches mais l'urgence va permettre une mesure plus grave et brutale que le seul décollage.

En matière de compétence donc, seule l'urgence, en bonne logique, peut justifier des dérogations aux règles établies. S'il est seulement nécessaire d'agir sans qu'il soit urgent de le faire, l'autorité compétente est à même d'intervenir selon la procédure normale.

Il reste alors à déterminer quel est le fondement juridique exact de ces transferts de compétence du parlement à l'exécutif. L'urgence et la nécessité sont des notions, des idées, des explications, mais d'où vient l'habilitation à déroger au droit en cas de nécessité ou d'urgence, quelle est la norme qui autorise la dérogation ?

Certains positivistes ont invoqué la volonté présumée du législateur, l'esprit des lois et surtout la volonté du constituant lui-même

4. CE, 31 oct. 1924, *Cotte*, *RDP* 1924, p. 597, concl. Rivet.

qui, en conférant le pouvoir d'exécution des lois à l'exécutif lui aurait permis, en cas de nécessité, de modifier ou suspendre certaines lois pour permettre l'exécution des autres[5]. Selon ces auteurs donc, la constitution ou les lois habiliteraient implicitement l'exécutif à se substituer au parlement.

Ce rattachement au texte constitutionnel est abusif et assez acrobatique. Ces auteurs se sont bornés à reprendre la motivation de l'arrêt *Heyriès* ainsi que le texte du décret en cause dans cet arrêt qui visait l'article 3 de la loi constitutionnelle de 1875 confiant l'exécution des lois au président de la IIIe République. Mais le raisonnement est faible : on ne peut tout de même pas affirmer qu'exécuter la loi consiste à la violer ou la suspendre.

En revanche, il n'est pas douteux que l'esprit de la constitution puisse être évoqué car les rédacteurs d'un tel texte ne peuvent être présumés avoir voulu faire respecter à tout prix sa lettre, contre vents et marées. On imagine mal les constituants affirmer « Périsse le pays plutôt qu'un principe »[6]. Le bon sens indique qu'en la matière il vaut mieux plier que rompre et l'on ne peut soupçonner le constituant d'une telle rigidité. Mais l'esprit d'un texte n'est cependant pas une norme juridique et ne saurait suffire à lui seul.

Le seul fondement normatif ainsi concevable est en définitive un principe général du droit, dégagé par le juge lui-même c'est-à-dire formalisé et « dit » par lui, à partir des textes et de leur esprit et auquel il convient de reconnaître une valeur constitutionnelle puisqu'il va jusqu'à permettre de déroger à la constitution. Il existe donc un principe général de nécessité qui permet de déroger au droit commun écrit pour lui substituer, dans certaines conjonctures, un droit d'exception non écrit.

Reste à déterminer quel est le degré du contrôle du juge en la matière et, partant, l'étendue du pouvoir de substitution de l'exécutif.

## Section 2 Le contrôle du juge

Bien entendu les actes que l'exécutif est ainsi conduit à prendre dans le domaine législatif, sous la pression de l'urgence, gardent la

5. M. Hauriou, note sous *Heyriès*, précité, p. 50.
G. Vedel, *Les bases constitutionnelles du droit administratif*, EDCE, 1954, p. 37.
6. A. Esmein, *Éléments de droit constitutionnel*, 7e éd. Sirey, 1921, tome II, p. 101.

dénomination et la force des actes réglementaires ordinaires, c'est-à-dire, le plus souvent, des décrets. Ce sont donc des actes administratifs que le juge va pouvoir être amené à contrôler en vérifiant, d'abord, si la substitution était bien nécessaire.

En théorie, il ne suffit pas que l'on traverse une période de crise, des circonstances objectivement exceptionnelles, pour que toutes les dérogations au droit soient permises. En principe, le juge examine dans chaque cas *in concreto* si la dérogation en cause dans l'affaire était bien nécessaire. Théoriquement, donc, saisi d'un recours contre un décret intervenu dans le domaine législatif, le juge devrait vérifier non seulement la nécessité de la norme posée, du contenu du décret, mais, avant toutes choses, son urgence.

Or, précisément, dans les arrêts où le Conseil d'État a dû se prononcer sur de tels décrets, on ne voit pas de référence à l'urgence de la mesure en cause. Le juge se borne à établir sa nécessité. Une fois admise la nécessité de prendre une décision d'un contenu déterminé, le juge admet la compétence de l'exécutif sans s'interroger sur le point de savoir si le parlement était ou non dans l'impossibilité de légiférer à temps. Qu'il s'agisse de suspendre les garanties statutaires des officiers généraux puis de l'ensemble des fonctionnaires, de prendre des mesures de restriction généralisée de la consommation de certains produits, de modifier les conditions d'attribution de la légion d'honneur, ou d'instaurer un régime de réquisitions civiles d'entreprises, le Conseil d'État se borne à évoquer les circonstances qui justifient ces mesures et à conclure qu'il appartenait à l'autorité réglementaire de « *prendre les mesures commandées par les circonstances en vue d'assurer, dans l'intérêt de la défense nationale, l'exécution de la loi* »[7].

Dès que la mesure est jugée nécessaire le Conseil d'État admet qu'elle soit prise par l'autorité exécutive sans s'interroger sur la compétence du parlement pour l'adopter : il examine donc la nécessité au fond mais pas la compétence d'urgence.

Comme le relevait Joseph Barthélémy avec ironie : « *Ce décret qui suspend une loi vise l'article 3 de la loi constitutionnelle du 25 février 1875, il s'agit sans doute du paragraphe «il dispose de la*

---

7. CE, 30 juill. 1915, *Général Verrier*, *Rec.* 257. Voir aussi, CE, 28 juin 1918, *Heyriès*, *S.* 1922, III, p. 49, note HAURIOU ; CE, 27 juin 1924, *Chambre syndicale des patrons confiseurs pâtissiers des Alpes maritimes*, *Rec.* 61 ; CE, 23 janv. 1920, *Trousselle*, *Rec.* 93 ; CE, 9 juillet 1920, *Société Le centre électrique*, *Rec.* 681 ; CE, 14 mars 1920, *Syndicat patronal de la boulangerie de Paris*, *Rec.* 499 ; CE, 18 févr. 1921, *Époux Maréchal*, *Rec.* 207.

*force armée» et non du paragraphe précédent «il assure l'exécution des lois»* »[8].

De fait, lorsque le Conseil d'État a eu à se prononcer sur des interventions de ministres isolés ou de préfets dans le domaine législatif, il a pris soin de vérifier l'impossibilité de faire intervenir rapidement l'autorité législative, c'est-à-dire le chef de l'exécutif[9]. Le Conseil d'État considère en réalité que le législateur, en temps de guerre, est tout simplement l'autorité exécutive elle-même vers laquelle s'opère globalement un transfert de compétence.

L'on voit donc, à travers cet examen de la jurisprudence, que l'article 16 de la Constitution de 1958 est loin de constituer une innovation dans le droit public français : le Conseil d'État mais, avant lui, les gouvernements eux-mêmes, avait depuis longtemps admis le principe d'une concentration des pouvoirs en période de crise et ceci de façon plus large, plus floue et moins transparente et publique que dans le système retenu sous la V^e^ République.

Joseph Barthélemy, commentant ces décrets de guerre bien avant que le Conseil d'État ne se prononce à leur sujet, écrivait : « *C'est de la dictature, très bonne, excellente, admirable, nationale, patriotique, démocratique, j'approuverai toutes les épithètes laudatives que l'on voudra mais c'est de la dictature !* »[10]. Et c'est effectivement cette dictature de crise qu'officialise désormais la Constitution de 1958.

8. « Le droit public en temps de guerre », *RDP* 1915, p. 161.
9. CE ass., 1948, *Laugier*, *Rec.* 61, concl. Letourneur ; CE, 1950, *Chauvet*, *Rec.* 95.
10. Précité, p. 564.

## CHAPITRE 2
# L'ARTICLE 16 DE LA CONSTITUTION DE 1958

Les termes mêmes de nécessité et d'urgence n'apparaissent pas expressément dans l'article 16 mais la condition, pour sa mise en œuvre, d'une menace « grave et immédiate », d'une interruption du fonctionnement régulier des pouvoirs publics constitutionnels ainsi que la limitation des pouvoirs présidentiels aux mesures exigées par ces circonstances renvoient évidemment à ces notions. L'application de cet article a pour effet de concentrer l'ensemble des compétences étatiques, et pas seulement législatives, entre les mains du chef de l'État.

On sait que cette disposition alimente depuis 1958 les fantasmes des politiques et des juristes et que sa dangerosité supposée pour la démocratie avait justifié son projet de suppression par le programme commun de la gauche en 1972. Il avait même été avancé que le président de la République pourrait s'en servir si la cohabitation devenait trop conflictuelle. C'est indubitablement l'article le plus connu et le plus redouté de la Constitution. Récemment encore, dans sa lettre de mission au comité Balladur du 18 juillet 2007, le Président Sarkozy indiquait : « *Il me paraît nécessaire d'examiner dans quelle mesure les pouvoirs conférés au chef de l'État par l'article 16 de la Constitution demeurent applicables, compte tenu des évolutions intervenues depuis sa rédaction* ». Il est vrai que l'article 16 n'est peut-être plus adapté à la résolution de crises modernes.

Pourtant, le droit français n'en est pas à sa première expérience en matière de dictature de crise. La jurisprudence *Heyriès*, la loi du 10 juillet 1940, les lois de pouvoirs spéciaux, notamment celle du 16 mars 1956 qui indiquait largement « *Le gouvernement disposera en Algérie des pouvoirs les plus étendus pour prendre toutes mesures exceptionnelles commandées par les circonstances en vue du rétablissement de l'ordre et de la protection des personnes et des biens* », puis celle du 3 juin 1958 et enfin l'article 92 lui-même ont tous consacré une identique concentration des pouvoirs en temps de crise. Ce n'est donc pas le principe même de celle-ci qui choque mais plutôt le fait qu'elle soit affichée sans fard et ouvertement inscrite dans la Constitution. Il s'en trouve toujours pour préférer la sournoiserie à la franchise. Mais ce qui inquiète également c'est que ce soit le président de la République et non le gouvernement qui soit directement et exclusivement investi des pleins pouvoirs. Le césarisme est évidemment plus prononcé que dans les habilitations législatives ou jurisprudentielles et la personnalité du général de Gaulle inquiétait aussi particulièrement. En outre, on devine bien qu'un président de la République auquel l'on accorde une pareille confiance en période de crise ne peut se désintéresser du pouvoir et se contenter d'inaugurer les chrysanthèmes le reste du temps. Qu'est-ce qu'une crise, en effet, sinon, bien souvent, le résultat d'erreurs accumulées en matière intérieure ou internationale ? Il paraît évident que cet article 16 à lui seul implique davantage un « président Zorro » qu'un « président zéro » selon la formule fameuse de Raymond Barre. Ce « coup d'État ponctuel » laisse entrevoir au fond un « coup d'État permanent »[1] et une présidentialisation quotidienne du régime. Il est aussi évident que celui qui reçoit ces pouvoirs est appelé à détenir la force nucléaire et donc à devenir inexorablement le responsable de la défense nationale en lieu et place du Premier ministre[2].

Avant d'examiner les conditions et le contrôle de l'application de l'article 16, il convient de s'interroger globalement sur la pertinence de ce dispositif. De deux choses l'une, en effet, ou l'article 16 est utilisé pour les cas envisagés par ses rédacteurs et dans les limites fixées par cet article et il constitue alors un progrès par rapport au vide antérieur dont on a pu mesurer l'hypocrisie et les dangers, ou alors il est manifestement utilisé à d'autres fins que celles prévues et en dehors des conditions textuelles, auquel cas l'on est en présence d'un coup d'État qui se serait de toute façon produit si l'article 16 n'avait pas existé. On a vu précédemment, à travers l'exemple de 1940, que les coups d'État n'ont guère besoin d'autorisation constitutionnelle.

Il convient d'examiner les conditions de mise en œuvre de l'article 16 puis le contrôle éventuel de celle-ci.

---

1. F. Mitterrand, *Le coup d'État permanent*, Plon, 1964.
2. B. Chantebout, « La dissuasion nucléaire et le pouvoir présidentiel », *Pouvoirs*, sept. 1986, n° 38.

# Section 1 Les conditions de mise en œuvre et le contrôle *a priori*

## § 1. LES CONDITIONS

L'article 16 de la Constitution de 1958 dispose :

« *Lorsque les institutions de la République, l'indépendance de la Nation, l'intégrité de son territoire ou l'exécution de ses engagements internationaux sont menacées de manière grave et immédiate et que le fonctionnement régulier des pouvoirs publics constitutionnels est interrompu, le président de la République prend les mesures exigées par ces circonstances après consultation officielle du premier ministre, des présidents des assemblées et du Conseil constitutionnel.*

*Il en informe la Nation par un message.*

*Ces mesures doivent être inspirées par la volonté d'assurer aux pouvoirs publics constitutionnels, dans les moindres délais, les moyens d'accomplir leur mission. Le Conseil constitutionnel est consulté à leur sujet.*

*Le parlement se réunit de plein droit.*

*L'Assemblée nationale ne peut être dissoute pendant l'exercice des pouvoirs exceptionnels.*

*Après trente jours d'exercice des pouvoirs exceptionnels, le Conseil constitutionnel peut être saisi par le Président de l'Assemblée nationale, le Président du Sénat, soixante députés ou soixante sénateurs, aux fins d'examiner si les conditions énoncées au premier alinéa demeurent réunies. Il se prononce dans les délais les plus brefs par un avis public. Il procède de plein droit à cet examen et se prononce dans les mêmes conditions au terme de soixante jours d'exercice des pouvoirs exceptionnels et à tout moment au-delà de cette durée* ».

À ces conditions s'ajoutent d'autres dispositions constitutionnelles applicables. L'article 19 indique que les actes du président de la République relevant de l'article 16 ne sont pas contresignés, c'est donc un pouvoir présidentiel propre. L'article 7 n'exclut pas le recours à l'article 16 des pouvoirs du président du Sénat lorsque celui-ci assure la suppléance du chef de l'État. Enfin, l'article 53 de l'ordonnance du 7 novembre 1958 sur le Conseil constitutionnel impose la motivation et la publication de l'avis du Conseil sur la mise en application de l'article 16 mais n'étend pas cette exigence aux décisions présidentielles ultérieures.

Les conditions de fond sont donc relativement précises. La jonction de la gravité et de l'immédiateté pose la condition d'urgence. Il ne suffit pas d'une crise, il faut encore que cette crise ait des répercussions graves sur des éléments vitaux de la collectivité nationale. Seule la condition relative à la menace sur les engagements internationaux de la France est floue et manque réellement de précision. De plus, il faut encore qu'à cette crise et à ses effets s'ajoute une incapacité des pouvoirs publics constitutionnels à faire face en raison d'une interruption de leur fonctionnement régulier. Cette condition est assez draconienne et l'est peut-être même un peu trop : est-il raisonnable d'attendre la paralysie effective des pouvoirs publics pour permettre au président de la République d'intervenir alors que, précisément, son action plus précoce pourrait permettre d'éviter la débâcle et de réduire ensuite la durée des pouvoirs de crise ? Il est évident que cette condition est destinée à rassurer et qu'elle évoque la situation de 1940, mais appliquée à la lettre elle pourrait se révéler trop rigoureuse et imprudente[3]. Ainsi, en 1961, lors du putsch des généraux d'Alger, tous les avis requis ont été favorables à la mise en application de l'article 16 alors pourtant qu'il était difficile d'affirmer que les pouvoirs publics constitutionnels étaient interrompus.

Le président est habilité à prendre les mesures exigées par « ces » circonstances c'est-à-dire par celles-là mêmes qui sont mentionnées au premier alinéa. La condition de but est plus floue puisque les mesures « doivent être inspirées par la volonté de », mais on comprend au moins qu'elles doivent viser le rétablissement de l'ordre constitutionnel existant et certainement pas sa suspension, sa modification ou sa suppression. En d'autres termes, l'article 16 ne permet pas au chef de l'État de réviser ou d'abroger la Constitution.

Les conditions de forme traduisent un évident souci de solennité et de transparence, les pleins pouvoirs ne sont pas exercés « en cachette ». Les consultations sont officielles, la nation est informée et ses représentants sont réunis de plein droit.

Le dernier alinéa, rajouté par la loi constitutionnelle du 23 juillet 2008, instaure une possibilité de contrôle du Conseil constitutionnel sur la durée d'application des pouvoirs de crise.

---

3. Voir les débats au Conseil constitutionnel sur ce point *in Les grandes délibérations du Conseil constitutionnel 1958-1983*, n° 5, séance du 23 avr. 1961, Dalloz, 2009, p. 82 et s.

### § 2. LE CONTRÔLE *A PRIORI*

Les avis requis pour la mise en application de l'article 16 sont des avis simples et non pas des avis conformes. Ils ne lient donc pas le président de la République qui peut juridiquement passer outre. Néanmoins, le fait que l'avis du Conseil constitutionnel soit motivé et publié risque d'avoir un effet dissuasif sur un président tenté d'ignorer un avis négatif. Politiquement et moralement l'action présidentielle serait ainsi hypothéquée. En 1960 déjà, au moment des barricades d'Alger, le premier ministre et les présidents des deux assemblées avaient invité le général de Gaulle à utiliser l'article 16, mais, selon son témoignage, le président du Conseil constitutionnel l'ayant informé que l'avis de celui-ci serait négatif, le président a préféré recourir à l'article 38 en sollicitant le vote de la loi d'habilitation du 4 février 1960[4].

Il convient toutefois d'observer que ces consultations sont susceptibles d'être éliminées en cas de force majeure si les circonstances sont telles qu'elles paralysent totalement le fonctionnement des pouvoirs publics et que le président de la République ne peut même pas solliciter les avis requis.

Le président est enfin placé sous la surveillance de l'opinion publique et du parlement aptes à dénoncer un usage excessif ou prolongé des pleins pouvoirs.

Il reste à examiner s'il est possible d'envisager une censure *a posteriori* des décisions du chef de l'État.

## Section 2 Le contrôle *a posteriori*

### § 1. LE CONTRÔLE PARLEMENTAIRE

Il convient d'écarter tout de suite la possibilité d'un contrôle parlementaire consistant à modifier ou abroger, durant la mise en œuvre de l'article 16, les décisions adoptées par le président de la République. Il semble évident qu'une telle éventualité, défendue par certains juristes, serait contraire à la lettre comme à l'esprit de la

4. L. Noël, *De Gaulle et les débuts de la Ve République*, Plon, 1976, p. 91 et s. ; *Les grandes délibérations du Conseil constitutionnel – 1958-1983*, n° 5, séance du 23 avr. 1961, Dalloz, 2009, p. 88.

Constitution. Elle entraînerait le plus grand désordre et l'anarchie puisque le président de la République pourrait immédiatement reprendre les dispositions modifiées ou abrogées par le parlement. Il faut donc admettre que, pour ce qui est des mesures en rapport avec la crise, l'article 16 reconnaît au président de la République une compétence exclusive. La réunion de plein droit du parlement est destinée à permettre une présence et une surveillance politiques ainsi qu'une information et une éventuelle discussion démocratiques, mais pas à réduire à néant les pouvoirs constitutionnels du président.

Hormis son hypothétique constitution en Haute Cour pour « manquement à ses devoirs manifestement incompatible avec l'exercice de son mandat »[5], les pouvoirs du parlement se résument en la possibilité, immédiatement après la levée des pleins pouvoirs, d'abroger ou modifier des décisions auxquelles le président aurait voulu donner une durée d'application postérieure à cette levée. Il est certain qu'une fois que l'article 16 cesse d'être appliqué le parlement retrouve l'intégralité de son pouvoir législatif.

## § 2. LE CONTRÔLE JURIDICTIONNEL

Alors que ni la Constitution ni ses travaux préparatoires ne l'excluaient et qu'il aurait pu constituer, sinon un rempart, en tout cas une satisfaction psychologique rassurante contre d'éventuels abus, le contrôle juridictionnel a été écarté d'emblée par le Conseil d'État.

Dans son arrêt *Rubin de Servens*, rendu le 2 mars 1962[6], le Conseil d'État a, en effet, considéré que la décision de mise en application de l'article 16 et son maintien en vigueur constituent des « actes de gouvernement » dont il n'appartient pas au juge de connaître et il s'est, en outre, refusé à contrôler les décisions présidentielles prises dans le domaine législatif, n'acceptant d'examiner que les actes adoptés en matière réglementaire. Autant dire que le contrôle juridictionnel est nul puisque ce sont évidemment les mesures intervenant en matière législative dont le contrôle est essentiel.

En ce qui concerne la décision de mise en application et son maintien l'argument de l'acte de gouvernement se défend puisqu'il n'est pas contestable que ces décisions intéressent les rapports entre

5. Nouvel article 68 de la Constitution issu de la révision du 23 février 2007.
6. CE ass., *Rec.* 143 ; *JCP* 1962, II, n° 12613 et *RDP* 1962, p. 294, concl. HENRY ; *GAJA* n° 80.

l'exécutif et le parlement. Il ne faut pas se cacher, cependant, que l'argumentation inverse pouvait aussi se défendre et que la qualification d'acte de gouvernement révèle davantage de la volonté du juge de ménager la raison d'État que d'une impossibilité sérieuse d'exercer un contrôle. Ceci apparaît clairement dans les conclusions du commissaire du gouvernement Henry : « *Dans ce huis clos à trois personnages (président, parlement, peuple) vous n'avez pas, Messieurs, votre place* ». L'affaire était donc préjugée. On peut aussi penser que le Conseil d'État répugnait à juger une décision sur laquelle le Conseil constitutionnel a préalablement donné un avis favorable motivé et publié.

Mais, en tout état de cause, l'essentiel n'est pas l'existence même des pouvoirs du chef de l'État, leur potentialité, mais l'usage effectif qu'il en fait c'est-à-dire les décisions qu'il prend une fois l'article 16 appliqué. L'on peut d'ailleurs constater que l'article 16 n'exige pas une première décision séparée de mise en application. Le président de la République pourrait fort bien, une fois les consultations opérées et la nation informée, prendre directement les mesures qu'il juge nécessaire.

C'est sur ce point que la jurisprudence *Rubin de Servens* est réellement discutable. L'argumentaire du commissaire du gouvernement est très faible. Il se borne d'abord à indiquer qu'un contrôle des mesures législatives « se concilierait mal avec la pratique qui a été faite de l'article 16 », comme si la pratique *a posteriori* d'un texte pouvait justifier son interprétation. Il ajoute que le parlement étant compétent pour modifier ou abroger les décisions prises, ce serait se substituer à lui que d'opérer un tel contrôle. L'argument ne tient pas puisque, d'une part on a vu que le parlement ne peut pas, durant l'application des pleins pouvoirs, toucher aux décisions présidentielles, d'autre part le Conseil d'État n'hésite pas à contrôler les décrets-lois et les ordonnances de l'article 38 alors que leur ratification a précisément pour objet d'en permettre ultérieurement le contrôle parlementaire. Six mois plus tard, dans l'arrêt *Canal*, le même Conseil d'État n'hésitera pas à contrôler une ordonnance du général de Gaulle prise en vertu d'une habilitation référendaire alors pourtant que le parlement était évidemment à même de la modifier ou de l'abroger[7]. Le raisonnement du commissaire du gouvernement est très peu convaincant et l'on voit bien qu'il cherche des arguments juridiquement médiocres pour justifier le retrait du

7. V. *supra*, deuxième partie, chapitre 3, section 1.

Conseil d'État. On peut, en effet, observer que l'article 16, contrairement à l'article 92, ne donne pas force de loi aux décisions présidentielles et les travaux préparatoires de la Constitution montrent que ses auteurs envisageaient très clairement un contrôle de droit commun, ne voyant dans l'article 16 qu'une traduction écrite de la jurisprudence des circonstances exceptionnelles.

La différence entre les mesures prises dans le domaine de la loi et celles adoptées dans le domaine réglementaire qui seraient, seules, contrôlables, est évidemment très hypocrite puisqu'il est évident qu'une décision prise dans une matière réglementaire qui dérogerait à une loi ou à principe général du droit tomberait du même coup dans le domaine de la loi et échapperait au contrôle du juge. Effectivement toutes les décisions présidentielles de 1961 ont touché au domaine législatif et aucune décision réglementaire n'a été déférée au Conseil d'État. C'est donc un déni de justice qui a ainsi été opéré, d'autant plus surprenant que le Conseil d'État ayant été à l'origine des pouvoirs de crise à travers sa jurisprudence des circonstances exceptionnelles était bien placé pour exercer un tel contrôle dont il avait l'expérience.

En définitive, le Conseil d'État n'a contrôlé que les mesures d'exécution des décisions présidentielles, encore que son examen se soit révélé assez limité. La levée de l'article 16 a, en effet, eu lieu le 29 septembre 1961, mais le général de Gaulle avait pris des décisions dont la durée d'application était fixée à une date ultérieure. Au lieu de considérer, comme il aurait pu le faire, que la levée des pleins pouvoirs les rendait caduques et qu'il n'appartenait qu'au parlement de les prolonger, le Conseil d'État s'est retranché derrière l'immunité de ces décisions prises en matière législative pour refuser d'en contrôler la durée d'application.

De plus, à l'égard des mesures d'exécution ainsi contrôlées il a fait preuve de compréhension en se limitant le plus souvent à un contrôle restreint et même en faisant jouer la jurisprudence des circonstances exceptionnelles par-dessus l'article 16 de façon à permettre à l'administration d'aller encore plus loin que ce que les décisions présidentielles permettaient[8]. Ainsi donc la nécessité permet de déroger non seulement au droit normal mais encore à un droit déjà dérogatoire.

En définitive donc, aucun contrôle juridictionnel réel n'a été opéré sur cette substitution du président de la République au

8. CE, 24 oct. 1964, *d'Oriano*, *RDP* 1965, p. 282, concl. BERNARD.

parlement en période de crise. Seuls les avis du Conseil constitutionnel et la pression politique sont susceptibles de limiter les abus. Le juge administratif s'est retiré sur la pointe des pieds et la Cour de cassation a d'ailleurs fait de même[9].

L'expérience de 1961 ayant fait apparaître que rien ne pouvait dissuader le chef de l'État de prolonger les pouvoirs de crise bien au-delà des circonstances qui les ont motivés, le comité Vedel en 1992 puis le comité Balladur en 2007 ont proposé d'instaurer une consultation du Conseil constitutionnel sur la durée d'application de l'article 16. Ces suggestions ont trouvé leur débouché dans la révision constitutionnelle du 23 juillet 2008 qui ajoute à l'article 16 un dernier alinéa consacré au contrôle de la durée des pleins pouvoirs. L'on constate qu'il s'agit toujours d'instaurer de simples avis et non des décisions, le Conseil constitutionnel intervenant ici encore à titre consultatif et non pas juridictionnel.

Hormis ce cas de substitution d'urgence du chef de l'État au parlement, la Constitution de 1958 consacre une autre hypothèse de transfert de compétence, moins spectaculaire et liée aux aléas courants de la vie gouvernementale et parlementaire, il s'agit de l'urgence financière.

9. Cass. crim., 21 août 1961, *Fohran*, *Bull. crim.* 1961, p. 695, n° 363 ; Cass. crim., 10 mai 1962, *Dovecar et Piegts*, *JCP* 1962, II, 12736, note Michaud.

# CHAPITRE 3
# L'URGENCE FINANCIÈRE

Si l'article 47 de la Constitution peut-être considéré comme destiné à adopter d'urgence le budget national, il n'en demeure pas moins qu'étant lié à la carence du parlement dans le vote de la loi de finances on doit le rattacher plutôt à un pouvoir de substitution d'action du type de celui qui est organisé pour les budgets locaux. Il sera donc examiné en quatrième partie. On n'examinera ici que le cas des dépenses urgentes auxquelles le gouvernement doit faire face en cours d'exécution de la loi de finances annuelle et qui le conduisent à se substituer au parlement dans un aspect limité de sa compétence budgétaire.

L'article 11 de l'ordonnance organique du 2 janvier 1959 relative aux lois de finances permettait au gouvernement de recourir à des décrets d'avance pour faire face aux dépenses imprévues.

La nouvelle loi organique relative aux lois de finances (LOLF) en date du 1er août 2001, qui abroge l'ordonnance précédente à partir du 1er janvier 2005 et se substitue donc à elle à partir du budget 2006, reprend ces dispositions en les modifiant légèrement dans son article 13.

L'article 13, alinéa 1 indique qu'en cas d'urgence, des décrets d'avance, pris sur avis du Conseil d'État et après avis des commissions des finances de l'Assemblée nationale et du Sénat, peuvent ouvrir des crédits supplémentaires sans affecter l'équilibre budgétaire défini par la dernière loi de finances. À cette fin, les décrets d'avance procèdent à l'annulation de crédits ou constatent des recettes supplémentaires. Le montant cumulé des crédits ainsi ouverts ne peut excéder 1 % des crédits ouverts par la loi de finances de l'année.

Les deux nouveautés introduites par le texte de 2001 sont d'une part la consultation des commissions des finances des assemblées, qui répond à la volonté du législateur organique de renforcer le contrôle parlementaire sur le budget et le financement de la sécurité sociale, et d'autre part le plafonnement à 1 %.

L'alinéa 2 ajoute que chaque commission des finances adresse son avis au premier ministre dans un délai de sept jours à compter de la notification qui lui a été faite du projet de décret. La signature de celui-ci ne peut intervenir qu'après réception des avis des commissions ou, à défaut, après l'expiration du délai susmentionné.

La ratification des modifications apportées aux crédits ouverts par la dernière loi de finances est demandée au parlement dans le plus prochain projet de loi de finances afférent à l'année concernée (loi rectificative et de règlement).

L'article 13, alinéa 4 prévoit aussi qu'en cas d'urgence et de nécessité impérieuse d'intérêt national, des crédits supplémentaires peuvent être ouverts, après information des commissions des finances de chaque assemblée, par décrets d'avance pris en Conseil des ministres sur avis du Conseil d'État. Un projet de loi de finances portant ratification de ces crédits est déposé immédiatement ou à l'ouverture de la plus prochaine session du parlement. On le voit donc, dans ce cas plus impérieux que la seule urgence un décret en Conseil des ministres est exigé, mais une simple information au lieu d'un avis des commissions parlementaires est imposée. Le contrôle parlementaire *a priori* est donc moindre mais le contrôle *a posteriori* est, en revanche, renforcé puisqu'une ratification parlementaire immédiate est imposée.

Le gouvernement conserve donc la main mise sur les situations d'urgence mais le parlement est, dans la nouvelle loi organique, davantage associé que par le passé.

# CONCLUSION

L'extension des pouvoirs de l'exécutif en cas d'urgence est commune à toutes les démocraties et si les constitutions étrangères ne contiennent pas toutes une disposition du type de l'article 16, on repère cependant les mêmes procédés, soit qu'ils soient admis par la jurisprudence, soit qu'ils se réalisent par voie de délégation législative.

Ainsi, par exemple, dès la guerre de sécession, aux États-Unis, la Cour suprême a admis la validité du blocus des ports du Sud décidé spontanément par Abraham Lincoln au motif de l'urgence et de l'obligation d'agir : « *En cas d'invasion par une nation étrangère, le Président n'est pas seulement autorisé, il est tenu de résister par la force (...). Le Président était obligé de faire face (à la guerre civile) comme elle s'est présentée, sans avoir besoin d'attendre que le Congrès lui donne un nom de baptême (...); Jure belli, le Président avait le droit d'instituer un blocus des ports des États en rébellion que les neutres étaient tenus de respecter* »[1]. Mais la plupart du temps c'est le Congrès lui-même qui donne au Président et à son administration les moyens de faire face par des délégations législatives identiques à celles de nos lois de pouvoirs spéciaux ou de nos législations d'exception.

En Grande-Bretagne également la Chambre de Lords a admis pendant la première guerre mondiale des délégations de ce type, annulant cependant dans certains cas des règlements non nécessaires ou excessifs. C'est d'ailleurs un juge anglais, Lord Pierce, qui, comme Montesquieu[2] affirmait avec réalisme : « La flamme du droit individuel et de la justice[3] a un moindre éclat lorsqu'elle est encerclée par les lueurs spectaculaires des immeubles bombardés ».

1. *Prize Cases,* 67 U.S. 635, 668, 671, 1863 ; É. Zoller, *Les grands arrêts de la Cour suprême des États-Unis,* Dalloz, 2010, n° 14, p. 227.
2. « L'usage des peuples les plus libres me laisse penser qu'il est des moments où il faut mettre un voile sur la liberté comme on cache les statues des dieux ».
3. On pourrait ajouter « de la séparation des pouvoirs ».

# QUATRIÈME PARTIE
# LA SUBSTITUTION D'ACTION

Dans cette dernière catégorie de substitution de l'exécutif au parlement c'est essentiellement l'efficacité normative qui est recherchée même si ce souci peut évidemment se doubler d'un impératif de rapidité, c'est-à-dire d'urgence objective ou subjective.

Comme l'autorité hiérarchique ou de tutelle est, en droit administratif, habilitée à se substituer aux organes qu'elle contrôle lorsque ceux-ci refusent ou négligent d'exercer leurs compétences, la Constitution de 1958, dans ses articles 47 et 47-1, mais aussi, depuis longtemps, le juge administratif, autorisent le gouvernement à prendre directement lui-même les dispositions législatives que le législateur se révèle incapable d'adopter.

Mais si les habilitations constitutionnelles sont exceptionnelles et peu contestables, il n'en va pas de même, en revanche, des habilitations jurisprudentielles qui peuvent inciter le pouvoir politique à la paresse et à l'inertie plus qu'elles n'y remédient et soulèvent, en outre, de délicates questions sur les pouvoirs des juges.

CHAPITRE 1

# LES ARTICLES 47 ET 47-1 DE LA CONSTITUTION

L'article 47 de la Constitution, relatif au vote des lois de finances, dispose, dans son alinéa 3 : « *Si le parlement ne s'est pas prononcé dans un délai de soixante-dix jours, les dispositions du projet peuvent être mises en vigueur par ordonnance* ». Ce n'est pas le premier procédé imaginé pour remédier au retard chronique du vote budgétaire qui sévissait sous la IV^e^ République mais c'est certainement le plus énergique puisqu'il permet au gouvernement de se substituer purement et simplement au parlement.

L'article 47-1 de la Constitution, introduit par la révision du 22 février 1996 sur les projets de loi de financement de la sécurité sociale, prévoit aussi que « *si le parlement ne s'est pas prononcé dans un délai de cinquante jours, les dispositions de projet peuvent être mises en œuvre par ordonnance* ».

Deux questions essentielles se posent ici concernant d'une part les conditions d'application de ces dispositions et d'autre part le régime juridique des ordonnances.

## Section 1 Les conditions d'application

La lecture de ces deux articles met en lumière quatre conditions de mise en application. L'absence de vote parlementaire dans le délai fixé doit en effet être imputable au seul parlement, mais n'impose pas d'obligation de substitution au gouvernement.

## § 1. L'ABSENCE DE VOTE

La Constitution n'entend évidemment pas permettre au gouvernement de passer outre un vote négatif du parlement rejetant le projet de loi de finances ou de financement de la sécurité sociale, nous n'en sommes pas encore à ce point d'écrasement de l'institution parlementaire. Le commissaire du gouvernement Janot avait été très clair sur ce point dans les débats préparatoires de la Constitution : c'est d'un retard qu'il doit s'agir et non d'un rejet du budget. Il s'agit de sanctionner un « manquement » des parlementaires par un procédé dont Michel Debré fondait la brutale nécessité sur les malheureuses expériences de la IVe République, notamment le recours aux « douzièmes provisoires » ou la « trimestrialisation » du budget[1].

## § 2. L'IMPUTABILITÉ DU RETARD AU PARLEMENT

S'agissant de sanctionner la carence du parlement il faut évidemment que cette carence existe et que ce ne soit pas le gouvernement lui-même qui porte la responsabilité de la méconnaissance du délai constitutionnel.

C'est la raison pour laquelle l'article 47 précise que « *Si la loi de finances* [...] *n'est pas déposée en temps utile pour être promulguée avant le début de cet exercice, le gouvernement demande d'urgence au parlement l'autorisation de percevoir les impôts et ouvre par décret les crédits se rapportant aux services votés* ». La nouvelle loi organique du 1er août 2001 apporte, dans son article 45, des précisions sur la marche à suivre en cas de retard dans le dépôt du projet de loi de finances : soit le gouvernement demande, avant le 11 décembre, un vote séparé sur l'ensemble de la première partie, qui est ensuite soumise au Sénat selon la procédure d'urgence ; soit il dépose avant le 19 décembre un projet de loi spéciale l'autorisant à continuer à percevoir les impôts existants jusqu'au vote de la loi de finances de l'année. L'hypothèse d'un retard imputable au gouvernement est donc réglée de façon différente, le recours à l'ordonnance est donc bien réservé à un cas de carence parlementaire. De plus, la Constitution prévoit un délai global de soixante-dix jours ou cinquante jours, mais, à l'intérieur de ce délai, elle prévoit égale-

1. B. Jean-Antoine, *Les normes constitutionnelles financières en droit français de 1789 à nos jours*, LGDJ, 2010, p. 193.

ment un délai fixe pour l'examen par l'Assemblée nationale, (quarante jours pour le budget, vingt jours pour les lois de financement de la sécurité sociale), un délai fixe pour l'examen par le Sénat (quinze jours dans les deux cas)[2] et donc le délai restant pour la navette et éventuellement la commission mixte paritaire et le dernier mot à l'Assemblée nationale (article 45 de la Constitution). Si donc le gouvernement ne saisit pas le Sénat à l'issue du délai imparti à la première chambre, comme l'imposent les articles, cela ne réduira pas pour autant le délai prévu pour la seconde chambre. C'est ce qu'a jugé le Conseil constitutionnel qui considère « *que l'expiration du délai de quarante jours imparti à l'Assemblée nationale pour se prononcer en première lecture sur un projet de loi de finances rectificative, doit conduire le Gouvernement, comme le prescrit le troisième alinéa de l'article 39 de l'ordonnance n° 59-2, à saisir «le Sénat du projet qu'il a initialement présenté, modifié, le cas échéant, par les amendements votés par l'Assemblée nationale et acceptés par lui»; que le fait pour le Gouvernement de ne pas déférer immédiatement à ces prescriptions et de laisser ainsi l'Assemblée nationale statuer sur un projet dont elle n'a pas été dessaisie, ne constitue cependant une irrégularité de nature à vicier la procédure législative que s'il a pour conséquence de réduire le délai dont dispose le Sénat en vertu du deuxième alinéa de l'article 47 de la Constitution, pour statuer en première lecture* »[3].

Le Conseil constitutionnel interprète avec une certaine souplesse les dispositions constitutionnelles et organiques. Il a également jugé que si les délais prescrits s'imposent pour les lois initiales et rectificatives ils ne s'imposent en revanche pas pour les lois de règlement : « *Considérant que l'article 47 de la Constitution, en ses alinéas 2 et 3, et l'article 39 de l'ordonnance du 2 janvier 1959 fixent les délais d'examen par l'Assemblée nationale et par le Sénat des projets de lois de finances et prévoient que ceux-ci peuvent être mis en vigueur par ordonnance si le Parlement ne s'est pas prononcé dans un délai de soixante-dix jours; que ces délais, par leur durée et leur agencement aussi bien que par les sanctions attachées à leur inobservation, ont pour objet de permettre qu'interviennent en temps utile, et plus spécialement avant le début d'un exercice, les mesures d'ordre financier nécessaires pour assurer la continuité de la vie nationale; que la*

2. L'article 40, alinéa 2 de la loi organique du 1er août 2001 indique vingt jours et non quinze pour l'examen en 1re lecture du Sénat mais le Conseil constitutionnel n'a pas relevé la contrariété dans sa décision du 25 juillet 2001.
3. Cons. const., 3 juill. 1986, n° 86-209 DC, *Loi de finances rectificative pour 1986.*

*nécessité à laquelle ces règles répondent ne saurait être invoquée quand il s'agit de lois de règlement ; qu'ainsi ces dernières n'entrent pas dans le champ d'application des prescriptions des alinéas 2 et 3 de l'article 47 de la Constitution* »[4].

## § 3. L'EXPIRATION DU DÉLAI

En tout état de cause, le gouvernement ne peut intervenir par ordonnance qu'une fois les soixante-dix ou cinquante jours expirés.

Mais deux circonstances peuvent cependant suspendre ce délai. L'une, prévue par les textes des articles 47 et 47-1, est l'interruption de la session parlementaire. L'article 47-1 tient compte du nouveau régime de la session parlementaire unique instituée par la révision constitutionnelle du 4 août 1995, c'est-à-dire qu'il prévoit que le délai est aussi suspendu, pour chaque assemblée, au cours des semaines où elle a décidé de ne pas tenir séance en vertu de l'article 28. Mais manifestement le constituant n'a pas voulu étendre cette suspension à la loi de finances puisqu'il n'a pas modifié parallèlement l'article 47. L'autre circonstance, non mentionnée par les textes mais qui s'impose logiquement en régime parlementaire, est la mise en jeu de la responsabilité gouvernementale. En outre, en cas de dissolution de l'Assemblée nationale, le délai n'est pas seulement suspendu mais intégralement reconduit pour la législature suivante. Dans un tel cas, en vertu de la décision du Conseil constitutionnel du 30 décembre 1979, le parlement et le gouvernement devront prendre « *toutes les mesures d'ordre financier nécessaires pour assurer la continuité de la vie nationale et s'inspirer, pour ce faire, des règles prévues, en cas de dépôt tardif du projet de loi de finances* » par l'article 47 de la Constitution et la loi organique[5]. En d'autres termes, le gouvernement, à défaut de pouvoir demander l'autorisation à un parlement dont la chambre basse a été dissoute, est condamné à percevoir *de facto* les impôts et à ouvrir par décret les crédits des services votés. La dissolution de l'Assemblée nationale en plein débat budgétaire est un évènement peu probable mais il convient cependant d'imaginer toutes les hypothèses, même d'école.

---

4. Cons. const., 19 juill. 1983, n° 83-161 DC, *Règlement définitif du budget 1981.*
5. Cons. const., n° 79-111 DC, *Loi autorisant le gouvernement à continuer à percevoir en 1980 les impôts et taxes existants* ; Cons. const., 25 juill. 2001, n° 2001-448 DC, *LOLF.*

## § 4. L'OPPORTUNITÉ DE LA SUBSTITUTION

Si les conditions précédentes sont réunies, les articles 47 et 47-1 prévoient que les dispositions budgétaires ou de financement de la sécurité sociale « peuvent » être mises en vigueur ou en œuvre par ordonnance. C'est donc apparemment une simple faculté pour le gouvernement qui est juge de l'opportunité de recourir à l'ordonnance.

En pratique, il est effectivement arrivé que le gouvernement laisse passer le délai budgétaire de soixante-dix jours mais le dépassement était faible et le gouvernement savait que le vote interviendrait à brève échéance.

On pourrait cependant considérer que si la Constitution a introduit des délais aussi stricts pour la discussion parlementaire c'est parce que le retard est considéré comme préjudiciable à l'intérêt national et à la continuité de l'État et que le gouvernement devrait donc intervenir par ordonnance au plus tard le dernier jour de l'année précédent l'exercice. À cette date, sa faculté se transformerait en obligation. Mais, faute de dispositions ou de jurisprudence sur ce point, l'on est contraint, là encore, à formuler des hypothèses.

Une fois, cependant, que le gouvernement a décidé d'intervenir par ordonnance, son pouvoir se trouve strictement encadré, tandis que le parlement est totalement dessaisi.

On remarque, sur ce point, une légère différence de rédaction entre l'article 47 et l'article 47-1, en ce sens que, dans le premier cas, le projet est « *mis en vigueur* » par ordonnance alors que dans le second il est « *mis en œuvre* ». Le terme « mis en vigueur » évoque une simple application du projet de loi de finances tel qu'il a été déposé devant le parlement et éventuellement amendé par lui, le gouvernement ne peut donc que publier le texte tel qu'il se trouve au moment où il décide d'intervenir. Il s'agit, en quelque sorte, d'une simple « exécution forcée » du texte de la loi de finances. En revanche, dans le texte de l'article 47-1 sur les lois de financement de la sécurité sociale, l'expression « mise en œuvre » laisse entendre que le gouvernement pourrait disposer d'une certaine marge d'appréciation dans le contenu du texte. Mais, à défaut de précision ni d'application, on ne peut encore que supputer. Il est certain, cependant, que ce n'est pas tout à fait par hasard si le constituant de 1996 n'a pas exactement repris l'expression de l'article 47 qu'il aurait normalement dû recopier s'il entendait calquer le procédé relatif au financement de la sécurité sociale sur son prédécesseur budgétaire. Rien ne permet cependant d'avoir des explications sur cette différence de rédaction et la loi organique du 22 juillet 1996 relative aux lois de financement de la sécurité sociale, remplacée par celle du 2 août 2005, est aussi muette sur cette question que l'ordonnance organique de 1959 remplacée par la LOLF en 2001.

Le parlement, de son côté, est dessaisi et ne pourrait donc poursuivre le débat sans enfreindre la Constitution qui a entendu permettre au gouvernement de le sanctionner.

L'on constate qu'aucune des deux ordonnances n'est soumise à ratification parlementaire. Cette absence est logique. La ratification parlementaire va en principe de pair avec une habilitation elle-même parlementaire[6]. Or, ici, il s'agit d'une habilitation constitutionnelle, comme celles des articles 92 et 16, et il est donc normal qu'il n'y ait pas de ratification prévue. En outre, dans la mesure où le recours à l'ordonnance est conçu par la Constitution comme une sanction du retard parlementaire, on n'imagine pas que la ratification permette de rouvrir un débat qui s'est antérieurement enlisé.

Certains juristes se sont cependant prononcés en faveur de l'organisation d'un débat de ratification sans pouvoir indiquer quand il devrait avoir lieu puisque la Constitution ne le prévoit pas. Toutefois, il semble qu'il s'agisse moins, dans leur esprit, de permettre un contrôle parlementaire que d'empêcher un contrôle juridictionnel en donnant force de loi à l'ordonnance en cause. La grande question soulevée par ces deux articles est, en effet, celle du régime contentieux des ordonnances qu'ils envisagent.

## Section 2 Le régime juridique des ordonnances

Le moins que l'on puisse dire est que la Constitution est peu prolixe au sujet de ces ordonnances financières. Elle ne précise pas, comme pour l'article 92 ou l'article 38, que l'ordonnance doit être prise en Conseil des ministres après avis du Conseil d'État. Ce n'est donc que par assimilation que l'on peut déduire l'obligation de respecter ces procédures encore que, les pouvoirs du gouvernement étant singulièrement limités puisqu'il ne s'agit que d'une mise en vigueur ou en œuvre du projet tel qu'il se trouve, on pourrait estimer que l'avis du Conseil d'État est superflu. Seules la délibération en

6. Sauf le cas très particulier et peu logique des ordonnances de l'article 74-1 ; V. *supra*, deuxième partie, chapitre 4.

Conseil des ministres, exprimant la décision collégiale du gouvernement et la signature du président de la République, en vertu de l'article 13, s'imposent à coup sûr.

C'est au sujet de l'éventualité et de l'étendue du contrôle juridictionnel sur l'ordonnance que les juristes sont très divisés, chacun défendant pratiquement une argumentation personnelle différente. Deux questions se posent donc : l'ordonnance est-elle contestable au contentieux par voie d'action ou d'exception ? Dans l'affirmative, quelle peut-être l'étendue du contrôle juridictionnel sur cette ordonnance ?

## § 1. LA CONTESTABILITÉ DE L'ORDONNANCE

Pour certains auteurs, l'ordonnance doit pouvoir être juridictionnellement contestée, soit qu'ils assimilent l'article 47 à une délégation du type de l'article 38[7], soit parce que l'article 47 (ainsi que l'article 47-1) n'a pas donné force de loi à ladite ordonnance[8]. L'argument de la délégation implicite doit évidemment être écarté : il ne s'agit nullement ici d'une délégation du parlement mais d'une habilitation constitutionnelle directe. En revanche le second argument paraît tout à fait fondé. Durant les débats du Comité consultatif constitutionnel, Paul Reynaud avait fait adopter un amendement donnant force de loi à l'ordonnance budgétaire qui n'a finalement pas été repris dans la version définitive. En 1974, le sénateur Étienne Dailly avait déposé un amendement au projet de révision élargissant la saisine du Conseil constitutionnel, qui précisait que les décisions de l'article 16 intervenant en matière législative ainsi que les ordonnances de l'article 47 pourraient être déférées au Conseil constitutionnel dans les huit jours de leur publication. Le garde des Sceaux, Jean Lecanuet, lui a répondu que « *l'ordonnance de l'article 47 constitue, comme celle de l'article 38, un acte administratif soumis au contrôle juge administratif* »[9].

---

7. A. Cocatre-Zilgien, *Aspects financiers de la Constitution de 1958,* Sirey, 1958, ch. p. 61 ; G. Vedel, *Droit administratif,* Thémis, PUF, 1973, p. 227.
8. P. Stillmunkes, « La classification des actes ayant force de loi », *RDP* 1964, p. 283 ; P. Amselek, *Le budget de l'État sous la Ve République,* LGDJ, 1967, p. 515 ; J.-M. Cotteret, *Le pouvoir réglementaire en matière budgétaire,* RSF, 1963, p. 418 ; R. Maugius, *L'ordonnance en droit public français contemporain,* Thèse, Grenoble, AGEL, 1967, p. 468.
9. *JO*, Débats, Sénat, séance du 16 oct. 1974, p. 1333.

Si, juridiquement, la contestabilité de l'ordonnance ne fait guère de doute, pratiquement, elle soulèverait des problèmes redoutables puisque le budget de l'État (ou le financement de la sécurité sociale) se trouverait à la merci des recours des contribuables (ou des cotisants ou assurés sociaux) et pourrait donc voir ses dispositions annulées ou déclarées inapplicables longtemps après son adoption, privant ainsi de base légale les prélèvements et dépenses effectués. On aurait pu imaginer une possibilité de ratification implicite par le vote d'une loi de finances rectificative et de règlement mais la révision constitutionnelle de 2008 ayant précisé, au sujet des ordonnances de l'article 38, qu'elles « ne peuvent être ratifiées que de manière expresse », il semble que l'on doive étendre cette solution aux ordonnances des articles 47 et 47-1 et considérer qu'une loi de finances rectificative ne pourrait que ratifier explicitement les dispositions contestées d'une ordonnance. En réalité, il conviendrait de parler de validation législative plutôt que de ratification puisque les articles 47 et 47-1 n'organisent précisément pas de ratification. Il conviendrait alors que la loi de validation respecte les conditions posées par le Conseil constitutionnel en la matière.

Pour éviter ces difficultés et incertitudes d'autres juristes ont effectué des montages intellectuels permettant de conclure, au contraire, à l'incontestabilité des ordonnances. Certains ont, en effet, affirmé qu'il pourrait s'agir d'un acte de gouvernement[10]. Mais si l'on peut effectivement faire un parallèle avec l'article 16 en constatant que la décision (implicite) d'utiliser la sanction des articles 47 et 47-1 intéresse les rapports entre l'exécutif et le parlement, cela ne préjuge pas pour autant du contrôle du contenu même de l'ordonnance c'est-à-dire de la norme adoptée dans le domaine législatif en lieu et place du parlement. En admettant que le Conseil d'État refuse de vérifier les conditions d'application de l'article 47 (ce qui paraît difficile car elles sont très objectives et ne laissent pratiquement aucun choix au gouvernement hormis celui du moment) il ne peut qualifier l'ordonnance elle-même, c'est-à-dire le budget ou le financement de la sécurité sociale d'acte de gouvernement.

Aujourd'hui la question se poserait sous un nouvel angle dans la mesure où une disposition fiscale ou sociale de ces ordonnances pourrait évidemment, s'il est soutenu qu'elle porte atteinte à un

10. P. Lalumière et C. Émeri, « L'article 47 », *in La Constitution de la République française*, (dir.) G. Conac et F. Luchaire, Economica, 1979, p. 614 ; J.-L. Guièze, *Le partage des compétences entre la loi et le règlement en matière financière*, LGDJ, 1974, p. 238.

droit ou une liberté constitutionnellement garanti, faire l'objet d'une contestation contentieuse par la voie de la question préjudicielle de constitutionnalité récemment instaurée. Le nouvel article 61-1 de la Constitution visant « une disposition législative » s'applique aussi bien à une disposition d'ordonnance que de loi proprement dite. Il faut aussi rappeler que le contrôle de conventionnalité ou de communautarité est encore possible par les juges ordinaires. Or les matières sociales et fiscales sont évidemment des « nids à contentieux » tant du point de vue constitutionnel que du point de vue européen. Il en résulte que la question de savoir si les ordonnances des articles 47 et 47-1 se verraient ou non reconnaître « force de loi » par les juges n'aura désormais qu'une incidence limitée portant essentiellement sur la détermination du juge compétent. Si l'acte a force de loi, sa constitutionnalité ne pourra être examinée que par le Conseil constitutionnel sur renvoi des juridictions ordinaires alors que dans le cas contraire il pourra être jugé directement par le juge administratif ou pénal ou sur question préjudicielle d'un juge civil. S'il s'agit, en revanche, d'une question de conformité de l'ordonnance au droit international ou européen le juge ordinaire *a quo* sera compétent dans tous les cas.

## § 2. L'ÉTENDUE DU CONTRÔLE

Si le Conseil d'État acceptait un recours direct contre l'ordonnance il pourrait d'abord avoir à vérifier sa régularité externe c'est-à-dire le respect des délais impartis par la Constitution et donc la régularité de la compétence et de la procédure, à moins qu'il ne considère que de tels moyens, mettant en cause les rapports entre gouvernement et parlement, ne relèvent pas de son appréciation. Il lui est, en effet, arrivé récemment de distinguer dans un même décret décidant de l'organisation d'un référendum outre-mer, les griefs qui mettent en cause le principe même du recours au référendum, qui relèvent de l'acte de gouvernement injusticiable, et le contenu même du décret fixant les modalités d'organisation du référendum qui, lui, relève de l'acte administratif contestable[11]. On pourrait imaginer la même solution s'agissant d'une ordonnance à laquelle le juge reconnaîtrait la qualité d'acte administratif : le

11. CE, 4 déc. 2003, *Auguste Feler*, req. n° 262009 ; A.-M. Le Pourhiet, « Référendum aux Antilles », *RDP* 2004, n° 3, p. 666.

principe même du recours à l'ordonnance ne pourrait être contesté mais ses dispositions de fond, fiscales ou sociales, pourraient l'être en revanche. On relèvera quand même un léger problème dans la mesure où certaines dispositions de l'ordonnance budgétaire ou sociale auront pu être débattues et adoptées par les parlementaires au moment où le gouvernement décide de recourir aux articles 47 ou 47-1. Le juge ordinaire serait donc amené à juger directement l'œuvre des parlementaires. Si le juge ordinaire considère, à l'inverse, que l'ordonnance a force de loi et qu'il n'est donc pas du tout compétent pour l'examiner lui-même, sa régularité externe ne pourra être contrôlée par aucun juge puisque la question préjudicielle de constitutionnalité introduite en 2008 ne concerne en tout état de cause que les atteintes aux droits et libertés, c'est-à-dire exclusivement le contenu des textes, et non leur mode d'élaboration.

On voit donc que les constituants ont traité ces ordonnances un peu à la légère, sans se soucier des conséquences judiciaires d'une procédure dont ils ont sans doute jugé que la réalisation était peu probable compte tenu de l'arsenal dont le gouvernement dispose, sous la V$^{e}$ République, pour hâter le vote des textes. On remarque d'ailleurs que les lois de finances et de financement de la sécurité sociale ont échappé à de nombreux aspects de la révision constitutionnelle de 2008 et notamment aux délais d'examen en commission désormais prescrits (six puis quatre semaines) et à l'examen en séance sur le texte de la commission (article 42). L'article 49-3 leur demeure également applicable.

# CHAPITRE 2
# LA CARENCE DU LÉGISLATEUR

Les articles 47 et 47-1 sont les seules dispositions constitutionnelles qui prévoient une substitution de l'exécutif au parlement en cas de carence de celui-ci. Rien n'est prévu, sinon, pour le cas où le législateur refuserait ou négligerait de prendre des dispositions que la Constitution l'invite à adopter. Or, pas plus qu'aucune autre compétence publique, celle du législateur n'est totalement discrétionnaire. Lorsque la Constitution lui confie l'édiction des règles concernant les garanties fondamentales des libertés publiques, celles des fonctionnaires civils et militaires ou l'organisation générale de la défense nationale, par exemple, ce n'est pas un vœu pieux et l'on doit considérer que le législateur est dans l'obligation de fixer ces règles. Pas plus qu'aucun autre organe public il ne peut refuser d'exercer son pouvoir en laissant la Constitution lettre morte.

Cette question de la carence du législateur est apparue au grand jour au sujet de la réglementation du droit de grève dans les services publics. Il ne faut toutefois pas s'y tromper : ce n'est pas parce que le droit positif a particulièrement traité cette question au sujet du droit de grève, qu'elle ne se pose pas ailleurs et l'on aura l'occasion de citer d'autres exemples de substitutions admises et validées par le juge.

Le préambule de la Constitution de 1946 dispose : « Le droit de grève s'exerce dans le cadre des lois qui le réglementent ». Cette disposition, toujours en vigueur, puisque le préambule de 1946 est repris par celui de 1958, confie donc bien au seul législateur le soin de réglementer le droit de grève et cette compétence est réaffirmée à trois reprises dans la Constitution de 1958 dont l'article 34 place dans le domaine de la loi la fixation des règles concernant les garanties fondamentales accordées aux citoyens pour l'exercice des libertés publiques et celles des fonctionnaires civils et militaires de l'État ainsi que la détermination des principes fondamentaux du droit du travail et du droit syndical.

Or, le Conseil d'État, dans l'arrêt d'assemblée *Dehaene* du 7 juillet 1950, considérant que les lois des 27 décembre 1947 et 28 septembre 1948 refusant le droit de grève aux CRS et aux fonctionnaires de police « ne sauraient être regardées, à elles seules, comme constituant la réglementation du droit de grève annoncée par la Constitution » décide que : « *En l'absence de cette réglementation, la reconnaissance du droit de grève ne saurait avoir pour conséquence d'exclure les limitations qui doivent être apportées à ce droit, comme à tout autre en vue d'en éviter un usage abusif ou contraire aux nécessités de l'ordre public ; qu'en l'état actuel de la législation, il appartient au gouvernement, responsable du bon fonctionnement des services publics, de fixer lui-même, sous le contrôle du juge, en ce qui concerne ces services la nature et l'étendue desdites limitations* »[1].

Cette jurisprudence a été maintenue sous la Vᵉ République malgré l'article 34 de la Constitution et bien qu'une loi du 31 juillet 1963 réglementant certains aspects de la grève dans l'ensemble des services publics soit intervenue, le Conseil d'État jugeant toujours que cette loi ne constituait pas la réglementation annoncée par la Constitution[2].

On est donc bien en présence d'une hypothèse de substitution d'action : la Constitution confie une compétence normative au législateur, il ne l'exerce pas, ou du moins le juge considère qu'il ne l'a pas ou pas suffisamment exercée, le gouvernement peut donc remédier à cette carence en prenant lui-même les dispositions nécessaires. C'est donc le juge qui, en déduisant d'un principe général du droit résumé dans la notion d'ordre public, la nécessaire réglementation du droit de grève dans les services publics et donc le caractère lié de la compétence du législateur, habilite hardiment le gouvernement à se substituer, sous son contrôle, au législateur défaillant.

Cette jurisprudence est discutable à plusieurs égards. En ce qui concerne tout d'abord le fondement de la substitution (Section 1), en ce qui concerne ensuite les titulaires du pouvoir de substitution (Section 2) mais surtout dans son principe même par ce qu'elle révèle de tentation de gouvernement des juges (Section 3).

1. Rec. 426 ; *RDP* 1950, p. 691, concl. Gazier ; *GAJA* nº 63.
2. CE ass., 1966, *Syndicat unifié des techniciens de la RTF*, *AJDA* 1966, p. 247.

# Section 1 Le fondement de la substitution

La substitution autorisée par le Conseil d'État est fondée sur la carence du législateur. Pour constater cette carence il lui faut donc démontrer d'abord que la Constitution exige une réglementation législative, ensuite que le législateur n'a pas répondu à cette exigence constitutionnelle.

## § 1. UNE COMPÉTENCE LIÉE

C'est du principe de continuité des services publics que le Conseil d'État va déduire la nécessité d'une réglementation et donc le caractère obligatoire de la compétence législative. Même si le terme continuité n'apparaît pas dans l'arrêt il est clair que le Conseil d'État utilise le même fondement que celui qu'il avait invoqué en 1909 dans l'arrêt *Winkell* pour justifier, à l'époque où le droit de grève n'était reconnu par aucun texte, l'interdiction totale de toute grève dans les services publics[3]. Le Conseil d'État tente ici d'opérer une conciliation entre deux principes antagonistes en affirmant que seule la continuité des services dont le fonctionnement est nécessaire au maintien de l'ordre public (au sens large) devra être assuré par une limitation du droit de grève de leur personnel. Dès lors que le principe de continuité se heurte désormais au principe du droit de grève reconnu par la Constitution, il ne peut plus être analysé comme interdisant toute interruption du travail aussi anodine et sans conséquences soit-elle sur la satisfaction des besoins du public, mais seulement comme exigeant le fonctionnement régulier des services publics essentiels à la vie nationale, à la continuité de l'État pourrait-on dire aujourd'hui en invoquant l'article 5 de la Constitution.

Le principe de continuité fonde donc le caractère obligatoire de la réglementation en même temps qu'il en constitue la limite, c'est-à-dire que le législateur et, à défaut donc, le gouvernement, devront réglementer le droit de grève des personnels indispensables au fonctionnement des services publics essentiels mais ne pourront réglementer que celui-là, puisqu'il leur faut également respecter le préambule de la Constitution reconnaissant le droit de grève à tous, sans exclure les fonctionnaires.

3. CE, 7 août 1909, *Winkell*, *Rec.* 826, concl. Tardieu ; *S.* 1909, 3, p. 145, note Hauriou ; *RDP* 1909, p. 494, note Jèze.

C'est donc par le recours à un principe général du droit que le Conseil d'État va conclure au caractère lié de la compétence du législateur. Il est certain que ce caractère n'apparaissait pas clairement dans le texte du préambule. On sait qu'en 1946 aucune loi n'avait encore abordé la question de la grève dans les services publics, le constituant ne pouvait donc faire référence qu'à des lois à venir mais les exigeait-il ? Il est difficile de répondre car de toute évidence les constituants de 1946 ont éludé le problème des services publics. Les travaux préparatoires montrent que les députés à l'assemblée constituante n'ont surtout pas voulu engager un débat sur cette question explosive, préférant le remettre à plus tard.

Une fois ainsi posé que le législateur avait l'obligation de réglementer le droit de grève dans les services publics, il restait à savoir s'il avait respecté cette obligation ou l'avait, au contraire, méprisée. Le Conseil d'État va retenir cette seconde appréciation.

## § 2. UNE COMPÉTENCE NÉGLIGÉE

À partir du moment où le Conseil d'État estimait que le législateur avait l'obligation d'intervenir par une réglementation générale il devait déboucher, avant 1963, sur un constat de carence.

On aurait cependant pu retenir une interprétation contraire et juger que si le législateur n'avait retiré le droit de grève qu'aux CRS et aux policiers, c'était parce qu'il entendait laisser tous les autres fonctionnaires jouir d'un droit constitutionnellement reconnu. Le Conseil d'État traite ici en lacune un vide qui pourrait bien être considéré comme l'expression d'une volonté politique délibérée. Comme l'indique justement Hans Kelsen : « *La doctrine admet l'existence d'une lacune lorsque l'organe d'application du droit considère le défaut d'une norme juridique comme regrettable d'un point de vue de politique juridique et qu'en conséquence il repousse l'idée d'appliquer le droit en vigueur, alors que cette application serait logiquement tout à fait possible (...). L'affirmation du caractère inéquitable ou injuste de l'absence d'une norme juridique d'un contenu déterminé représente un jugement de valeur éminemment relatif qui n'exclut nullement un jugement de valeur contraire* »[4]. En l'occurrence le Conseil d'État aurait pu constater

4. *Théorie pure du droit*, trad. C. EISENMANN, 2e éd, Dalloz, 1962, p. 330.

que le législateur reconnaissait le droit de grève à l'ensemble des fonctionnaires sauf aux CRS et aux policiers mais il n'a pas voulu l'admettre par son propre jugement de valeur.

Surtout, le Conseil d'État a maintenu ce constat de carence après le vote de la loi du 31 juillet 1963 relative à certaines modalités de la grève dans les services publics. Celle-ci interdit les grèves tournantes et les grèves surprises en imposant un préavis de cinq jours, et pose la règle du trentième indivisible en matière de retenue salariale à l'égard de tous les personnels des services publics quels que soient leur nature ou leur mode de gestion. C'est donc indubitablement, cette fois, une réglementation générale, une réglementation d'ensemble. Ce texte avait été présenté aux députés comme destiné à leur restituer un pouvoir dont ils n'auraient jamais dû se décharger sur le pouvoir exécutif et à leur permettre de déférer enfin à l'invitation qui leur était adressée depuis dix-sept ans par la Constitution. L'on pouvait dès lors s'interroger sur l'avenir de la jurisprudence *Dehaene* mais, à vrai dire, l'exposé des motifs de la loi enlevait tout doute à ce sujet et montre bien l'effet pervers de cette jurisprudence. Il indique, en effet : « *Les dispositions du présent projet ne réglementent pas l'ensemble des conditions d'exercice du droit de grève dans les services publics, mais définissent seulement certaines règles applicables au recours à la grève et à ses modalités. Elles n'ont donc pas le même objet que les mesures dont la nécessité, en l'absence de réglementation législative, a été reconnue par la jurisprudence et qui permettent au gouvernement d'assurer la continuité du fonctionnement des pouvoirs publics. Par suite, elles ne modifient pas les droits dont dispose le gouvernement en de domaine* ». On voit donc bien ici comment le gouvernement, auteur du projet de loi, tient un discours contradictoire et plonge dans la brèche ouverte par le Conseil d'État qui lui évite de devoir préparer une législation politiquement sensible et dangereuse.

C'est donc sans hésitation et en se référant à cet exposé des motifs que le Conseil d'État a maintenu son constat de carence après 1963, invité en cela par le gouvernement et donc le législateur lui-même.

Mais, en tout état de cause, face à ce qu'il considérait, avant comme après 1963, comme un vide juridique, le Conseil d'État aurait également pu faire application de la jurisprudence selon laquelle, quand une loi renvoie ses modalités d'application à un règlement, la législation antérieure reste en vigueur jusqu'à l'édiction de celui-ci. Le Conseil d'État pouvait ainsi parfaitement juger que la reconnaissance constitutionnelle du droit de grève était inapplicable sans l'intervention de l'encadrement législatif prévu. Le droit de grève s'exerce dans le cadre des lois qui le réglementent mais ne s'exerce donc pas sans celles-ci. En conséquence, l'on pouvait donc maintenir la jurisprudence antérieure prohibant totalement la grève dans les services publics. Ce point de vue était notamment défendu par Jean Rivero. Mais le Conseil d'État n'a pas osé aller aussi loin et a préféré proposer une solution de rechange au législateur alors pourtant qu'une décision provocante, soit niant tout droit de grève aux fonctionnaires, soit le reconnaissant sans limites à tous, hormis aux policiers et CRS, aurait eu le mérite de mettre le gouvernement et les parlementaires au pied du mur.

Une fois donc constaté que le législateur n'a pas exercé sa compétence liée, le Conseil d'État attribue au gouvernement un pouvoir de substitution d'action en la matière. Mais cette compétence gouvernementale va glisser à son tour vers les chefs de service de l'administration.

## Section 2 Les titulaires du pouvoir de substitution

C'est au gouvernement « responsable du bon fonctionnement des services publics » que l'arrêt *Dehaene* a confié le soin de suppléer le législateur défaillant. Logiquement donc, le président du Conseil, héritant du pouvoir réglementaire reconnu au chef de l'État en matière d'organisation et de fonctionnement des services publics par l'arrêt *Babin* de 1906[5], devait être l'unique titulaire de cette compétence, d'autant que l'arrêt précisait bien « au gouvernement lui-même ». Mais dès 1956, le Conseil d'État a étendu au ministre seul le pouvoir de réglementer le droit de grève dans les services placés sous son autorité[6]. Cette solution était d'ailleurs déjà implicite dans l'arrêt *Dehaene* puisque la réglementation en cause était contenue dans une circulaire du ministre de l'intérieur

À ce glissement du pouvoir du gouvernement vers celui du ministre est évidemment sous-jacent le principe posé dans l'arrêt

5. CE, 4 mai 1906, *Babin*, *RDP* 1906, p.683.
6. CE, 14 mars 1956, 1956, *Hublin*, *AJDA* 1956, p. 222; CE, 28 nov. 1958, *Lépouse*, *D.* 1959, p. 263, note J.-L. Quermonne; CE, 26 oct. 1960, *Syndicat général de la navigation aérienne*, *Dr. soc.* 1961, p. 100.

*Jamart* de 1936 selon lequel il appartient au ministre comme à tout chef de service, de réglementer l'organisation et le fonctionnement des services placés sous son autorité[7]. Comme ce pouvoir réglementaire est passé, de l'arrêt *Babin* à l'arrêt *Jamart*, du chef de l'exécutif vers les membres du gouvernement, il en est allé de même de la réglementation du droit de grève. Toutefois, le Conseil d'État a pris soin de rattacher la compétence ministérielle au pouvoir gouvernemental en précisant : « *dans le cadre de ces prérogatives gouvernementales le ministre a pu légalement faire interdire et réprimer la grève* (...) ». Mais en 1962, dans l'arrêt *Bernardet*, le Conseil d'État admet la légalité d'une réglementation du droit de grève émanant du seul directeur de la météorologie nationale, sans plus faire d'allusion, et pour cause, aux prérogatives gouvernementales[8]. Là encore on voit apparaître les conséquences de la jurisprudence *Jamart* reconnaissant au ministre « comme à tout chef de service » le pouvoir d'organiser celui-ci. On aboutit ainsi à une situation où une compétence reconnue par la Constitution au législateur est exercée par circulaires de simples chefs de service qu'ils soient étatiques ou décentralisés. Ainsi, par exemple, dans l'arrêt *Pouzenc* de 1965, le Conseil d'État admet-il « *qu'en l'état actuel de la législation, il appartient au maire, responsable en ce qui concerne l'administration communale du bon fonctionnement des services placés sous son autorité, de prévoir lui-même, sous le contrôle du juge de l'excès de pouvoir, la nature et l'étendue des limites apportées au droit de grève du personnel communal* »[9]. Ce n'est donc plus une substitution du gouvernement au parlement mais une substitution de simples autorités administratives au législateur[10].

Mais, en tout état de cause, ces autorités administratives n'interviennent pas seules, le Conseil d'État, comme le gouvernement dans l'exposé des motifs de la loi de 1963, prend toujours le soin de préciser « *sous le contrôle du juge* », c'est-à-dire que c'est le juge administratif qui, en dernier ressort, est l'autorité suprême de substitution. C'est lui qui fixe par sa jurisprudence le cadre à l'intérieur duquel peut se mouvoir la réglementation administrative ; c'est lui qui, au coup par coup, opère en définitive la conciliation entre la sauvegarde de l'intérêt général et la défense des intérêts profession-

7. CE sect., 7 févr. 1936, *Jamart*, *Rec.* 172 ; *GAJA*, n° 49.
8. CE, 19 janv. 1962, *Bernardet*, *D.* 1962, S, p. 203, note C. Leclercq.
9. CE, 9 juill. 1965, *Pouzenc*, *D.* 1966, J, p. 722, note J.-P. Gilli.
10. Voir aussi CE, 13 nov. 1992, *Syndicat national des ingénieurs des études et de l'exploitation de l'aviation civile*, *AJDA* 1993, n° 3, p. 221, note B. Mathieu.

nels en décidant quels sont les services dont le fonctionnement régulier est indispensable à la vie nationale et quels sont les agents dont la présence est nécessaire pour assurer ce fonctionnement. Dans ses conclusions le commissaire de gouvernement Gazier affirmait « *Déterminer le cadre dans lequel le droit de grève s'exerce ce serait prendre la place du législateur* », mais il était pourtant bien évident que cette place allait dès lors être occupée par le juge administratif qui allait dicter sa loi en la matière pour longtemps.

## Section 3 Le rôle du juge

Le commissaire du gouvernement Gazier achevait ses conclusions pour l'affaire *Dehaene* en déclarant : « *La solution que nous vous proposons est une solution d'attente. Quelle que soit d'ailleurs celle que vous retiendrez, votre décision prêtera à la critique. Mais vous porterez les erreurs des autres : lorsque, dans un État, l'autorité constituante est volontairement équivoque, l'autorité législative systématiquement défaillante, l'autorité gouvernementale perpétuellement hésitante, ce n'est pas le juge à lui seul qui peut redresser la situation* ». Effectivement, la solution proposée par M. Gazier et retenue par le Conseil d'État prête à la critique parce que ce n'est pas *au* juge de redresser la situation. Il est bien évident qu'en proposant une solution d'attente à des autorités qui refusent d'assumer leurs responsabilités, on prend le risque de les voir se satisfaire de cette solution et donc de perpétuer leur carence.

Or, c'est bien ce qui s'est passé. Plusieurs textes ponctuels, concernant notamment les centrales nucléaires ou l'audiovisuel, sont intervenus depuis et le Conseil d'État maintient toujours sa jurisprudence. Quand donc se déclarera-t-il satisfait de la législation sur le droit de grève ? Comment reconnaîtra-t-il que le législateur a enfin répondu à l'invitation du préambule et de l'article 34 de la Constitution ? Le Conseil d'État affirme qu'il n'est pas juge de la constitutionnalité des lois mais, en l'occurrence, il se fait juge de la constitutionnalité de la non-loi. En appréciant si le législateur a correctement satisfait son obligation constitutionnelle le Conseil d'État se fait juge de la constitutionnalité des lois ; en permettant au gouvernement de se substituer au législateur dans une matière qui lui est formellement réservée, il se fait constituant ; en construisant progressivement une jurisprudence-cadre de la grève dans les services publics il se fait législateur. Jamais le Conseil d'État n'aura manifesté tant d'audaces à la fois.

Cette substitution est d'autant plus contestable que la compétence du législateur est aujourd'hui réaffirmée par trois rubriques de l'article 34 et qu'évidemment, les rares textes législatifs réglementant le droit de grève dans les services publics n'ont pas manqué d'être soumis au seul juge de la constitutionnalité des lois qu'est le Conseil constitutionnel. Celui-ci n'a pu dire autre chose que ce qu'affirme la Constitution c'est-à-dire « qu'il appartient au législateur » de concilier le droit de grève et la continuité des services publics[11]. L'on a ainsi deux juges de part et d'autre du Palais Royal qui affirment l'un « *qu'il appartient au législateur* » et l'autre « *qu'il appartient au gouvernement* » d'exercer la même compétence. Dans sa décision de 1979 sur la radio et la télévision le Conseil constitutionnel a de surcroît admis que les lois concernant le droit de grève puissent renvoyer leurs modalités d'application à un décret « *conformément à la répartition des compétences opérée entre le domaine de la loi et celui du règlement par les articles 21, 34 et 37 de la Constitution* », confirmant ainsi que la réglementation initiale du droit de grève relève du seul législateur, l'autorité réglementaire ne pouvant intervenir qu'en exécution de la loi. Il a répété cette répartition dans sa décision du 16 août 2007 admettant « *qu'il est loisible au législateur de renvoyer au décret ou de confier à la convention collective le soin de préciser les modalités d'application de la loi* » (considérant n° 7). Dans sa décision de 1980 sur la protection des matières nucléaires le Conseil a eu l'occasion d'affirmer que la loi déférée « *qui ne comporte aucune délégation au profit du gouvernement, de l'administration ou des exploitants, du soin de réglementer l'exercice du droit de grève est conforme à la Constitution* ». Si donc une loi qui délègue au gouvernement et aux chefs de service la compétence de réglementer le droit de grève est contraire à la Constitution, que dire d'une jurisprudence administrative qui opère ce transfert depuis soixante ans ?

Ainsi donc, condamnable dans son raisonnement, la jurisprudence *Dehaene* l'est aussi dans des effets puisqu'en voulant réparer

11. Cons. const., n° 79-105 DC, 25 juill. 1979, *Grève à la radio et à la télévision* ; n° 80-117 DC, 22 juill. 1980, *Matières nucléaires* ; n° 87-230 DC, 29 juill. 1987, *Diverses mesures d'ordre social* ; n° 2007-556 DC, 16 août 2007, *Loi sur le dialogue social et la continuité du service public dans les transports terrestres de voyageurs.*

les conséquences du manque de courage des responsables politiques elle n'a fait que le prolonger.

Mais le problème ne s'arrête pas là. La jurisprudence *Dehaene* est aussi inquiétante parce qu'elle indique de l'attitude du Conseil d'État face à la séparation des pouvoirs et par le précédent qu'elle peut constituer pour d'autres applications en dehors du droit de grève.

On a vu que pour être la plus hardie, la jurisprudence *Dehaene* n'est pas la première de cette nature. C'est le Conseil d'État qui, en 1906, a reconnu dans l'arrêt *Babin* un pouvoir réglementaire autonome en matière d'organisation des services publics en se fondant sur la mission d'exécution des lois confiée au chef de l'État par les lois constitutionnelles de 1875. C'est encore le Conseil d'État qui, dans l'arrêt *Labonne* de 1919, a étendu ce pouvoir à la police administrative alors que les libertés publiques figuraient traditionnellement dans la compétence législative. Il a maintenu cette jurisprudence après 1958 bien que l'article 34 place explicitement ces libertés dans le domaine de la loi[12], tandis que le Conseil constitutionnel a bizarrement confirmé cette entorse manifeste à la Constitution[13]. C'est encore le Conseil d'État qui, l'année précédente, dans l'arrêt *Heyriès*, avait fondé sur le même pouvoir d'exécution des lois la substitution de l'autorité exécutive au législateur en période de crise. C'est encore lui qui reconnaît, dans le silence de la Constitution, un pouvoir réglementaire aux ministres et aux chefs de service en 1936 dans l'arrêt *Jamart*. C'est encore lui qui, en 1962, admet dans l'arrêt *Sicard* la validité des décrets présidentiels non délibérés en Conseil des ministres au mépris de l'article 13 de la Constitution. Il réitère en 1987 dans l'arrêt *Syndicat autonome des enseignants en médecine* et en 1992 dans l'arrêt *Meyet* au sujet des décrets présidentiels délibérés en Conseil des ministres sans fondement textuel.

Il y a donc une tendance naturelle du Conseil d'État à légitimer les extensions de pouvoir des autorités exécutives au mépris des dispositions constitutionnelles. Mais le raisonnement tenu dans la jurisprudence *Dehaene* est certainement le plus hardi et le plus discutable d'autant qu'il a vocation à s'appliquer à tous les domaines où le juge administratif prétendrait constater une carence du législateur.

Or, on constate en effet que la tentation d'utiliser le raisonnement selon lequel, en l'absence de loi, un acte réglementaire fait

12. CE ass., 19 mai 1960, *SARL Restaurant Nicolas*, *Rec.* 234.

13. Cons. const., n° 87-149 L, 20 févr. 1967, *Code rural*; Cons. const., 20 juill. 2000, n° 2000-434 DC, *Loi relative à la chasse*.

l'affaire est omniprésente chez les rapporteurs publics qui sont toujours prêts à s'en servir en toutes matières.

Dans l'arrêt du 7 juillet 1978, *Syndicat des avocats de France*, le Conseil d'État était confronté à une circulaire conjointe des ministres de la justice et de l'intérieur prévoyant et réglementant, en dehors de tout texte législatif, les conditions de rétention des étrangers en voie d'expulsion. Or, le commissaire du gouvernement Théry indique dans ses conclusions : « *Vous admettez, en effet, que le gouvernement, pour des motifs tirés de l'ordre public, est habilité à pallier les carences du législateur. La Constitution ayant invité le législateur à réglementer l'exercice du droit de grève, vous avez admis qu'une telle réglementation soit prise par le gouvernement, faute par le parlement d'avoir voté les dispositions législatives nécessaires* »[14]. Finalement le Conseil d'État a trouvé, dans cette affaire, une disposition législative (l'article 120 du Code pénal de l'époque) lui permettant de fonder les détentions et d'éviter d'admettre un pouvoir de substitution. Plus tard, dans l'arrêt *Peltier* de 1987, le commissaire du gouvernement Massot, estimant que le décret conventionnel de 1792 concernant les passeports n'était plus en vigueur et qu'il n'y avait donc plus de texte législatif national fixant les conditions d'octroi ou de retrait des passeports, proposait au Conseil d'État d'explorer une première voie « *celle que vous avez empruntée en présence d'une carence du législateur* » en matière de grève. Cependant, il écarte aussitôt cette solution en l'espèce car la circulaire invoquée par le sous-préfet n'avait pas été publiée et « *la jurisprudence* Dehaene *n'a jamais permis de substituer à la loi une circulaire clandestine* »[15]. On voit donc que si le Conseil d'État n'a pas étendu la jurisprudence *Dehaene* dans ces affaires c'est parce que cela n'était pas nécessaire, une vague disposition législative faisant l'affaire, soit parce qu'il n'y avait pas à proprement parler de décision réglementaire. Mais l'on voit bien que le raisonnement est toujours prêt à servir.

En l'absence, jusqu'en 1994, de toute législation sur la procréation médicalement assistée, le Conseil d'État avait aussi admis la légalité d'un décret réglementant l'exercice de ces activités dans les établissements publics et privés d'hospitalisation et les soumettant à autorisation. Le commissaire du gouvernement Stirn expliquait qu'il s'agissait d'une réglementation purement technique,

14. *RDP* 1979, p. 263.
15. CE ass., 8 avr. 1987, *Rec.* 128.

mais il va de soi qu'en assurant le contrôle des compétences médicales et des locaux nécessaires pour pratiquer ces techniques le décret contesté les reconnaissait officiellement en dehors de toute disposition législative sur le plan de l'éthique et de la filiation. À la suite de ce décret les autorités chargées de délivrer les autorisations ainsi que les chefs de services bénéficiaires ont dû définir eux-mêmes les règles de fond des PMA à l'aide d'un code de déontologie purement administratif. Le Conseil d'État, là encore, sans le dire expressément, ouvre la porte à une réglementation administrative dans le domaine de l'état des personnes qui relève du seul législateur[16]. Le même raisonnement aurait encore pu être appliqué, avant la loi de 1991 sur les interceptions de sécurité, en matière d'écoutes téléphoniques administratives, puisqu'elles ne reposaient alors que sur des circulaires.

Enfin dans l'arrêt *Meyet* du 10 septembre 1992, le Conseil d'État fait très clairement application de sa jurisprudence sur les lacunes législatives en matière référendaire[17]. En effet, ni le législateur organique, ni le législateur ordinaire n'ont jamais réglementé concrètement l'organisation des référendums sous la V$^{e}$ République. Il en résulte que chaque référendum décidé par le président de la République donne lieu à un décret spécial *ad hoc* qui organise les opérations alors pourtant que l'article 34 confie au législateur les règles concernant les droits civiques. Le Conseil d'État a encore jugé « qu'il appartient au pouvoir réglementaire, en l'absence de dispositions législatives » de fixer les modalités d'organisation des référendums. Une fois de plus, comme en matière de police administrative, le Conseil constitutionnel a étrangement validé la jurisprudence du Conseil d'État dans les termes suivants : « *Considérant que si aux termes de l'article 34 de la Constitution « la loi fixe les règles concernant les droits civiques et les garanties fondamentales accordées aux citoyens pour l'exercice des libertés publiques », c'est au pouvoir réglementaire, dès lors que manquent les dispositions législatives nécessaires, qu'il incombe de fixer les modalités d'exécution de la décision par laquelle le président de la République soumet un texte au référendum (...) ; qu'il appartient ainsi au pouvoir réglementaire de rendre applicables, avec les adaptations justifiées par ce type de consultations, les dispositions législatives*

16. Cons. const., 21 juill. 1989, *Association des médecins pour le respect de la vie*, concl. Stirn, *RDP* 1990, p. 279 ; A.-M. Le Pourhiet, « À propos de la bioéthique : la démocratie selon ponce-Pilate », *Pouvoirs*, n° 59, 1991, p. 159.
17. CE, 10 sept. 1992, *Meyet*, *RDP* 1992, p. 1892, note A.-M. Le Pourhiet.

*et réglementaires régissant d'autres consultations électorales* »[18]. Le Conseil constitutionnel avalise donc à son tour la violation de la Constitution encouragée par le Conseil d'État. Cette jurisprudence a encore été confirmée au sujet des référendums statutaires organisés outre-mer sur le fondement des articles 72-4 et 73 issus de la révision constitutionnelle de 2003 sur l'organisation décentralisée de la République. Aucune loi n'étant intervenue pour fixer les conditions d'organisation de ces référendums, le Conseil d'État a de nouveau jugé « *qu'il appartient au pouvoir réglementaire, en l'absence de dispositions législatives, de définir les modalités nécessaires à l'organisation de la consultation* »[19].

C'est donc une norme jurisprudentielle quasiment universelle qui pose qu'en l'absence de loi c'est l'autorité réglementaire qui est automatiquement compétente pour régir une matière.

Du point de vue politique, on peut aussi se demander si, à partir d'une certaine persistance dans l'inertie législative, on ne serait pas en présence d'une délégation implicite d'un législateur qui préfère « s'en laver les mains » et laisser à d'autres une tâche qui lui répugne.

Pour en revenir au droit de grève, la loi du 13 juillet 2003 portant droits et obligations des fonctionnaires (titre I du statut général) se borne à affirmer, dans son article 10, que « les fonctionnaires exercent le droit de grève dans le cadre des lois qui le réglementent » c'est-à-dire qu'elle recopie mot à mot le préambule de la Constitution. On ne trouve, dans ses travaux préparatoires, aucune allusion à une future législation d'ensemble. Les sénateurs ont voulu, tout au long de la discussion, faire ajouter simplement la phrase « compte tenu des exigences spécifiques du service public et notamment du principe de continuité ». Le gouvernement s'y est opposé au motif qu'une loi ordinaire ne peut ajouter des précisions à un principe constitutionnel. L'argument n'est pas convaincant puisque ladite précision n'est autre qu'un principe de valeur constitutionnelle reconnu comme tel par le Conseil constitutionnel. Mais Jean Foyer, auteur de l'amendement, ajoutait cependant : « *Cet amendement reprend un principe jurisprudentiel qui mérite d'être consacré mais ne limite bien entendu en rien la compétence et le pouvoir du juge en la matière* ». De nouveau donc, en 1983, comme en 1963, le gouvernement et les parlementaires manifestent leur

18. Cons. const., 6 sept. 2000, *Charles Pasqua.*
19. CE, 4 déc. 2003, *Auguste Feler*, req. n° 262009.

refus de légiférer véritablement en cette matière, préférant s'en décharger sur l'administration et le juge. Or, comme le ministre de la fonction publique de l'époque appartenait au parti communiste, on peut penser que les syndicats eux-mêmes ne réclament pas une législation complète sur le droit de grève dans les services publics, lui préférant un système réglementaire et jurisprudentiel empirique.

La substitution d'action d'origine jurisprudentielle a donc fini, en fait sinon en droit, par se muer en délégation législative implicite.

Le Conseil constitutionnel a souvent l'occasion de sanctionner ce que l'on appelle l'incompétence négative du législateur et vérifie régulièrement qu'il ne délègue pas aux autorités réglementaire et judiciaire les dispositions qu'il doit seul édicter. Il censure aussi les lacunes qu'il rencontre au sein de la loi en jugeant, par exemple, « *qu'en raison de l'insuffisance des règles énoncées par la loi pour limiter les concentrations susceptibles de porter atteinte au pluralisme, le législateur a méconnu sa compétence au regard de l'article 34; qu'au demeurant, du fait des lacunes de la loi, risquent de se développer dans une même zone géographique, des concentrations de l'ensemble des moyens de communication* »[20]. Il admet même l'invocation de l'incompétence négative à l'appui des questions prioritaires de constitutionnalité dès lors qu'elle est susceptible d'affecter un droit ou une liberté constitutionnellement garantie[21].

Le Conseil constitutionnel montre donc bien ainsi que, selon lui, les compétences législatives ne sont pas discrétionnaires. Dans le cadre de son contrôle il ne peut cependant examiner que les lacunes contenues dans une loi votée, il ne peut sanctionner l'absence totale de loi. On ne peut, en effet, lui déférer un refus de légiférer comme on peut le faire en contentieux administratif pour le refus de réglementer.

Il y a cependant une contradiction entre les décisions sanctionnant les lacunes législatives et celles qui acceptent la validité d'un décret réglementant des opérations de référendum « *dès lors que manquent les dispositions législatives nécessaires* »[22]. La cohérence voudrait que le Conseil constitutionnel censure la carence du législateur dans les deux cas et qu'il invalide, en conséquence,

20. Cons. const., 18 sept. 1986, n° 86-217 DC, *Liberté de communication.*
21. Cons. const., 18 juin 2010, n° 2010-5 QPC, *Kimberly clark*; A.-M. Le Pourhiet, « QPC, démocratie et séparation des pouvoirs », *Constitutions*, 2011, n° 1, p. 47.
22. *Charles Pasqua*, précité.

le décret qui se substitue à la loi lorsqu'il est compétent pour l'examiner en matière référendaire. On comprend bien la raison d'État qui interfère dans le cas des référendums puisqu'il faudrait logiquement annuler la consultation pour défaut de base légale. Le Conseil constitutionnel préfère sans doute couvrir une inconstitutionnalité manifeste plutôt que d'annuler une consultation, mais cette stratégie ne sert pas l'État de droit et nuit gravement à la cohérence de sa jurisprudence.

# CONCLUSION

L'un des principes fixés au gouvernement du général de Gaulle par la loi constitutionnelle du 3 juin 1958, aux fins d'élaborer la nouvelle constitution, était le suivant : « *Le pouvoir exécutif et le pouvoir législatif doivent être effectivement séparés de façon à ce que le gouvernement et le parlement assument chacun pour sa part et sous sa responsabilité, la plénitude de leurs attributions* ».

L'on n'a jamais très bien su, à vrai dire, ce que recouvrait exactement cette formule ambiguë déjà esquissée dans le discours de Bayeux, mais l'on a bien compris, cependant, que l'objectif du général de Gaulle était davantage de contenir le pouvoir parlementaire que d'empêcher l'exécutif de pénétrer dans l'exercice du pouvoir législatif.

L'homme du 18 juin n'avait pas pour l'institution parlementaire et le « régime des partis » une estime telle qu'elle le conduise à sacraliser le monopole législatif des assemblées. Accoutumé à la solitude du pouvoir de guerre, il avait pris l'habitude, dès 1940, de légiférer sans contraintes ni contre-pouvoirs et l'on pouvait logiquement s'attendre à ce qu'il manifeste quelque nouvelle tentation dictatoriale lors de son retour au pouvoir[1]. La loi de pouvoirs spéciaux du 3 juin 1958, la prolongation de celle du 16 mars 1956, l'article 92 de la Constitution, la loi d'habilitation du 4 février 1960, l'application de l'article 16 puis la loi d'habilitation référendaire de 1962 ont bien montré que le « père fondateur » avait une conception très particulière et personnelle de la séparation des pouvoirs. La conférence de presse du 31 janvier 1964 aura fini par convaincre ceux qui n'auraient pas encore compris.

Mais cette époque est assurément révolue et la « présidentialisation » du régime que l'on continue d'observer n'a plus grand-

1. A.-M. Le Pourhiet, « De la raison d'État à l'empire du droit », *in Dossier*, « Que reste-t-il de l'esprit de 1958 ? », *LPA*, n° 210, 20 oct. 2008, p. 3.

chose à voir avec le majestueux et prestigieux césarisme des débuts, d'autant que la conjoncture politique française ayant perdu sa dimension dramatique, ne se prête plus à l'intimidante autorité.

Toutefois, si certaines procédures dictatoriales ont été mises en sommeil (article 16, habilitations de l'article 11) ou rendues inutiles par une rationalisation parlementaire et une discipline partisane efficaces (articles 47 et 47-1), d'autres mécanismes de concentration des pouvoirs ont, en revanche, perduré et même connu un fort regain d'utilisation mais dans un esprit tout à fait différent de l'inspiration initiale.

Le principal procédé de concentration des pouvoirs que constitue la délégation de l'article 38 de la Constitution ne sert plus qu'accessoirement à éviter la procédure et le débat parlementaire pour laisser politiquement les mains libres au gouvernement. Il est, en revanche, devenu une modalité quasi permanente de législation technocratique. Ce sont les exigences de transposition des directives européennes, de diversification infinie du droit ultra-marin, de codification et de simplification d'une réglementation envahissante, compulsive et obèse qui conduisent le parlement à se décharger de l'ingrate et fastidieuse besogne sur des technocrates gloutons. Le phénomène est si évident et accepté que l'on a même voulu, à l'occasion de la révision constitutionnelle de 2003, habiliter en permanence le gouvernement à légiférer pour les collectivités d'outre-mer.

En outre, le développement de l'intervention des juges constitutionnels et ordinaires à tous les stades de la procédure de délégation (loi d'habilitation, ordonnances non ratifiées, loi de ratification, ordonnance ratifiée) a privé le recours aux ordonnances de son intérêt politique initial et renforcé encore son aspect technique.

Devant cette banalisation de la délégation du pouvoir législatif du parlement, renforcée par l'accoutumance à des procédés de substitution spontanée de l'exécutif, validés et encouragés par les juridictions, notamment dans le domaine de la réglementation du droit de grève et de l'organisation des référendums, l'on reste un peu sceptique face à l'apparente protection juridictionnelle accordée à la compétence parlementaire.

Quelle importance accorder à la jurisprudence constitutionnelle dite de « l'incompétence négative », consistant à censurer ici ou là quelques dispositions législatives lacunaires ou imprécises censées accorder aux autorités réglementaire ou judiciaire un pouvoir trop étendu, lorsque, parallèlement, les lois débattues quotidiennement grouillent, d'une part d'habilitations immenses à légiférer par ordonnances et, d'autre part, de ratifications-balais d'ordonnances déjà adoptées et dont le texte n'est même pas fourni aux parlementaires ? À quoi bon cette production, d'ailleurs, lorsque l'ordonnance à ratifier transpose mot à mot une directive européenne dont il est interdit de s'écarter ? Quel crédit encore accorder au contrôle des incompétences négatives lorsque le Conseil d'État et le Conseil constitutionnel s'entendent pour prétexter la carence du législateur et mettre systématiquement de côté la compétence du parlement pour réglementer le droit de grève ou l'organisation des référendums ? Le commentaire de Jean Rivero « *Filtrer le moustique et laisser passer le chameau* » montre encore ici toute sa pertinence.

Sans doute ne sommes-nous plus du tout dans le contexte initial de la V^e^ République. Ce n'est plus la dictature de César que nous observons à travers les ordonnances mais une confiscation rampante du pouvoir des représentants de la Nation par les experts et les juges, nationaux et européens. Le caractère plébiscitaire de la République gaullienne donnait encore à ce procédé une allure démocratique qui a désormais définitivement disparu dans un enchevêtrement normatif indigeste.

« *Les ordonnances ne sont pas les adversaires de la loi, mais son nécessaire complément* » dit-on pour rassurer[2]. L'idée est *a priori* étrange mais se comprend si l'on admet que la pathologie normative de notre société ne permet plus à un parlement toujours accablé par la discussion de nouvelles lois de se consacrer à la mise en ordre de celles qui existent et à la transposition (ou au recopiage servile) de normes décidées ailleurs. Les ordonnances deviennent ainsi un correctif et un symptôme de la malfaçon législative, mais aggravent cependant le constat de décadence de la volonté générale.

2. M. Guillaume, « Les ordonnances : tuer ou sauver la loi ? », *Pouvoirs*, n° 114, 2005, p. 129.

# BIBLIOGRAPHIE

## OUVRAGES


P. Amselek, *Le budget de l'État sous la Vᵉ République*, LGDJ, 1966.

L. Aucoc, *Conférences sur le droit administratif*, Dunod, 3ᵉ éd., 1886.

H. Barthélémy, *Traité élémentaire de droit administratif*, 12ᵉ éd., 1930.

F. Batailler, *Le Conseil d'État, juge constitutionnel*, LGDJ, 1966.

M. Baudrez, *Les actes législatifs du gouvernement en Italie*, Economica, 1994.

D. de Béchillon, *Hiérarchie des normes et hiérarchie des fonctions normatives de l'État*, Economica, 1996.

J.-A. Benoît, *Les normes constitutionnelles financières en droit français de 1789 à nos jours*, LGDJ, 2010.

H. Beuve-Méry, *Onze ans de règne : 1958 – 1969*, Flammarion, 1974.

R. Bonnard, *Les actes constitutionnels de 1940*, LGDJ, 1942.

R. Bonnard, *Essai d'une théorie de la révision des lois constitutionnelles en droit français*, Thèse Paris, 1930.

J. Bonnet, *Le juge ordinaire français et le contrôle de la constitutionnalité des lois*, Dalloz, 2009.

C. Boyer-Mérentier, *Les ordonnances de l'article 38 de la Constitution*, Economica, 1996.

J.-C. Car, *Les lois organiques de l'article 46 de la Constitution du 4 octobre 1958*, Economica, 1999

J. Carnet, *La légalité du gouvernement de Vichy*, Thèse, Paris, 1946.

Y.-M. Danan, *La vie politique à Alger de 1940 à 1944*, LGDJ, 1963.

G. Camus, *L'état de nécessité en démocratie*, LGDJ, 1965.

R. Carré de Malberg, *Contribution à la théorie générale de l'État*, Sirey, 1920 ; *La loi, expression de la volonté générale*, Sirey, 1931 ; *Confrontation de la théorie de formation du droit par degré avec les idées et institutions consacrées par le droit positif français relativement à sa formation*, Sirey, 1933.

J.-M. Cotteret, *Le pouvoir législatif en France*, LGDJ, 1962.

P. Delvolvé, *Les délégations de matières en droit public*, Thèse Toulouse, 1930.

P. Delvolvé et H. Lesguillons, *Le contrôle parlementaire sur la politique économique et budgétaire*, PUF, 1964.

O. Desaulnay, *L'application de la Constitution par la Cour de cassation*, Dalloz, 2009.

M. Disant, *L'autorité de la chose interprétée par le Conseil constitutionnel,* LGDJ, Bibl. constitutionnelle, 2010.

D. Dorlencourt-Detragiarche, *Contribution à une théorie de la carence en droit administratif français*, Thèse Paris II, 1972.

J.-C. Douence, *Recherches sur le pouvoir réglementaire de l'administration*, LGDJ, 1968.

G. Drago, *L'exécution des décisions du Conseil constitutionnel*, Economica, 1999.

A. Esmein, *Éléments de droit constitutionnel français et comparé*, Sirey, 1921, réédition Panthéon-Assas, 2001 ; *Traité de droit constitutionnel*, Sirey, 1928.

L. Favoreu, *Du déni de justice en droit public français*, LGDJ, 1964 ; (dir.) *Le domaine de la loi et du règlement*, Economica, 1981.

P.-L. Frier, *L'urgence*, LGDJ, 1984.

P. Gaucher, *Les ordonnances en matière budgétaire*, Annales de la Faculté de droit de Clermont-Ferrand, Dalloz, 1965.

J.-P. Gilli (dir.), *La continuité des services publics*, PUF, 1973.

J.-L. Guièze, *Le partage des compétences entre la loi et le règlement en matière financière*, LGDJ, 1974.

G. Guiheux, *La notion de délégation en droit public*, Thèse Rennes, dact. 1995.

M. Hecquard-Theron, *Essai sur la notion de réglementation*, LGDJ, 1977.

A. Heymann, *Les libertés publiques et la guerre d'Algérie*, LGDJ, 1972.

B. JEANNEAU, *Les principes généraux du droit dans la jurisprudence administrative*, Sirey, 1954.

H. KELSEN, *Théorie pure du droit*, 2e éd. 1960, trad. Charles Eisenmann, Dalloz, 1962.

J.-F. LACHAUME, *La hiérarchie des actes administratifs exécutoires en droit français*, LGDJ, 1966.

A.-M. LE BOS-LE POURHIET, *L'article 92 de la constitution de 1958*, Economica, 1981 ; *Les substitutions de compétence en droit public français*, Thèse dact. Paris 1, 1985.

J. LEMASURIER, *La Constitution de 1946 et le contrôle juridictionnel du législateur*, LGDJ, 1954.

D. LOSCHAK, *Le rôle politique du juge administratif*, LGDJ, 1972.

H. MAISL, *Recherches sur la notion de délégation en droit public*, Thèse dact. Paris 2, 1972.

R. MAUGIUS, *L'ordonnance en droit public français contemporain*, Thèse Grenoble, AGEL, 1967.

A. MESTRE, *Le Conseil d'État, protecteur des prérogatives de l'administration*, LGDJ, 1974.

F. MOREAU, *Le règlement administratif*, Fontemoing, 1902.

L. NIZARD, *La théorie des circonstances exceptionnelles dans la jurisprudence*, LGDJ, 1962.

L. NOËL, *De Gaulle et les débuts de la Ve République*, Plon, 1976.

R. PALLARD, *L'exception de nécessité en droit civil*, LGDJ, 1948.

L. PHILIP, *Les fondements constitutionnels des finances publiques*, Economica, Poche, 1995.

J. RIST, *L'article 38 de la Constitution du 4 octobre et son utilisation*, Thèse Paris, 1987.

F. SAINT-BONNET, *L'état d'exception*, PUF, Léviathan, 2001.

SÉNAT, Service des études juridiques, Les ordonnances de l'article 38 de la Constitution, janvier 2005.

A. SIEGFRIED, *De la IVe à la Ve République au jour le jour*, Grasset, 1958.

J. SOUBEYROL, *Les décrets-lois sous la IVe République*, Bordeaux, 1955.

J. TOUSCOZ, *La notion d'ordonnance*, Études de droit public, Cujas, 1964.

J. Trémeau, *La réserve de loi – Compétence législative et Constitution*, Economica, PUAM, 1997.

M. Troper, *La séparation des pouvoirs et l'histoire constitutionnelle française*, LGDJ, 1980.

M. Voisset, *L'article 16 de la Constitution du 4 octobre 1958*, LGDJ, 1969.

## ARTICLES

H. Amiel, « Les lois organiques », *RDP* 1984, p. 409.

J. Barthélémy, « Sur l'obligation de faire ou de ne pas faire et son exécution forcée dans le droit public », *RDP* 1912, p. 510; « Le droit public en temps de guerre », *RDP* 1915, p. 134.

J.-M. Bécet, « La pratique des ordonnances de l'article 38 », *Rev. adm.* 1968, p. 709.

R. Bonnard, « L'origine de l'ordonnancement juridique », *in Mélanges Maurice Hauriou*, Sirey, 1929, p. 33; « Le droit public et la guerre », *RDP* 1939, p. 549.

J.-P. Camby, « La loi organique dans la Constitution de 1958 », *RDP* 1989, p. 1401; « Quarante ans de lois organiques », *RDP* 1998, p. 1686.

J. Chatelain, « L'article 16 » *in La Constitution de la République française*, F. Luchaire et G. Conac (dir.), Economica, 1979.

A. Cocatre-Zilgien, « Budget et constitution », *Rev. pol. et parl.* 1958; « Aspects financiers de la Constitution de 1958 », *S.* 1958, ch. p. 61; « Évolution du droit budgétaire français », *Rev. int. sc. adm.* 1959.

J.-M. Cotteret, « Le pouvoir réglementaire en matière budgétaire », *RSF* 1963, p. 417.

P. Delvolvé, « L'été des ordonnances », *RFDA* 2005, n° 5, p. 909.

P. Durand, « La décadence de la loi dans la Constitution de la Ve République », *JCP* 1959, n° 1470.

P. Ébrard, « L'article 38 de la Constitution du 4 octobre 1958 », *RDP* 1969, p. 259.

C. Émeri et P. Lalumière, « L'article 47 », *in La Constitution de la République française*, dir. G. Conac et F. Luchaire, Economica, 1979.

Y. Gaudemet, « Sur l'abus ou sur quelques abus de la législation déléguée », *in Mélanges en l'honneur de Pierre Pactet*, Dalloz, 2003, p. 617 ; « La loi administrative », *RDP* 2005, n° 1, p. 65.

M. Guillaume, « Les ordonnances : tuer ou sauver la loi », *Pouvoirs* 2005, n° 114, p. 117.

A. Jennequin, « Les ordonnances de l'article 74-1 de la Constitution – Bilan de la pratique », *RFDA* 2008, n° 5, p. 920.

G. Jéze, « Essai d'une théorie générale de l'abstention en droit public français », *RDP* 1905, p. 764 ; « Essai d'une théorie générale de la compétence pour l'accomplissement des actes juridiques en droit français », *RDP* 1923, p. 58.

A.-M. le Pourhiet, « Le conflit constitutionnel français sur la signature des ordonnances », *in Les conflits constitutionnels*, dir. J. Hummel, PUR, 2010, p. 135.

F. Miatti, « Le juge constitutionnel, le juge administratif et l'abstention du législateur », *LPA*, 29 avr. 1996, n° 52.

*Pouvoirs*, n° 10, 1979, « Les pouvoirs de crise ».

*Pouvoirs*, n° 114, 2005, « La loi ».

F. Priet, « L'incompétence négative du législateur », *RFD const.* 1994, n° 17, p. 59.

J.-L. Quermonne, « Le droit public prétorien de la grève – Bilan d'une république », *D.* 1959, chron. p. 13.

*RFDA*, (collectif), « Ordonnance et législation déléguée à l'étranger », 1987, p. 723 et s.

J. Rivero, « Le droit positif de la grève dans les services publics d'après la jurisprudence du Conseil d'État », *Dr. soc.* 1951, p. 592.

G. Schmitter, « L'incompétence négative du législateur et des autorités administratives », *AIJC* 1989, p. 137.

P. Stillmunkes, « La classification des actes ayant force de loi en droit français », *RDP* 1964, p. 261.

M. Troper, « La signature des ordonnances », *Pouvoirs* 1987, n° 41, p. 75.

M. Waline, « La loi et le règlement dans la Constitution du 4 octobre 1958 », *RDP* 1959, p. 287.

# INDEX


## A

Acte de gouvernement : 124, 142
Amendement : 64, 69
Article 13 : 31, 81, 141
Article 16 : 119, 142
Articles 34 et 37 : 53
Article 37§2 : 54, 58, 60, 104
Article 38 : 43, 63 et s.
Article 41 : 59, 104
Articles 47 et 47-1 : 135
Article 74-1 : 107
Article 92 : 24, 78, 79

## C

Carence : 5, 145
Chose jugée : 86, 87
Circonstances exceptionnelles : 113
Compétence liée : 147

## D

Déclaration de conformité sous réserve : 79
Décret colonial : 108
Décret d'avance : 129 et s.
Décret-loi : 48, 89
Délai : 23, 69, 103, 136, 138
Délégation : 41
Délégation implicite : 116, 157
Délégalisation : 33, 54, 58, 60, 104
Domaine de la délégation : 71, 75
Domaine de la loi et du règlement : 53
Durée : 23, 69, 124, 126

## E

Existence (contrôle de l') : 31

## F

Fonctionnement des assemblées parlementaires : 34
Force de loi : 28, 29, 97, 126, 141, 143
Force majeure : 123
France libre (gouvernement de la) : 16

## H

Habilitation : 24, 47, 48, 65, 107, 133

## I

Incompétence négative : 59, 158, 162
Initiative : 63
Irrecevabilité : 58

## L

Lacune législative : 148

Loi-cadre : 47
Loi d'habilitation : 65
Loi de pouvoirs spéciaux : 27, 47
Loi de ratification : 98, 108, 140, 142
Loi organique : 37, 76

## N

Nécessité : 114

## O

Ordonnance budgétaire : 135 et s.
Ordonnance financière : 135 et s.
Ordonnance ordinaire : 29
Ordonnance organique : 37
Outre-mer : 78, 107

## P

Président de la République : 31, 82, 119
Programme : 70, 72
Promulgation : 32

## Q

Question préalable : 67
Question prioritaire de constitutionnalité (QPC) : 102, 143, 144

## R

Ratification : 48, 89, 97 et s.
Règlement d'administration publique (RAP) : 45
Réserve d'interprétation : 79 et s.

## S

Signature : 31, 82, 141

## U

Urgence : 3, 73, 111, 114, 122, 129

## V

Validation : 102
Valeur législative : 30, 93
Vichy (gouvernement de) : 11

# Collection SYSTÈMES

La collection « Systèmes » entend répondre au besoin de synthèse et de spécialisation des savoirs qui s'affirme aujourd'hui. Destinée aux étudiants mais également à un public plus large, elle présente des ouvrages clairs et concis, permettant aux lecteurs d'approfondir leurs connaissances sur des sujets tels que droit constitutionnel, droit administratif, droit des affaires, droit civil, droit social, économie, administration, finances publiques, fiscalité, finances locales, sociologie et philosophie juridiques, questions européennes et droit communautaire...

ABATE B. : La nouvelle gestion publique, 2000.
ALLIX D. : *Le droit pénal,* 2000.
AUBY J.-B. : *La décentralisation et le droit,* 2006.
AUBY J.-B. : *La globalisation, le droit et l'État,* 2e éd., 2010.
BARILARI A. : *L'État de droit, réflexion sur les limites du juridisme,* 2000.
BARILARI A. ET PRAT M. : *Les contrôles financiers, comptables, administratifs et juridictionnels des finances publiques,* 2003.
BARILARI A. ET BOUVIER M. : *La LOLF et la nouvelle gouvernance financière de l'État,* 3e éd., 2010.
BARILARI A. : *La modernisation de l'administration,* 1994.
BARILARI A. : *Réussir vos dissertations,* 1995.
BASDEVANT-GAUDEMET B. (SOUS LA DIRECTION DE) : *Contrat ou institution : un enjeu de société,* 2004.
BASTION J.-CL. ET CHABANNIER N. : *Le droit des élections locales,* 2004.
BIGAUT CH. : *La responsabilité pénale des hommes politiques,* 1996.
BIGAUT CH. : *Les cabinets ministériels,* 1997.
BLANC J. : *Les péréquations dans les finances locales,* 1996.
BLANC J. : *Finances locales comparées,* 2002.
BLUMANN CL. : *La fonction législative communautaire,* 1995.
BOISSEAU J.-L. : *Stratégie et tactiques de la presse territoriale,* 1996.
BORRAS P. ET GARAY A. : *Le contentieux du recouvrement fiscal,* 1994.
BOSSIS G. ET ROMI R. : *Droit du cinéma,* 2004.
BOUINOT J. : *La ville intelligente,* 2004.
BOURJOL M. : *La coopération intercommunale,* 1996.
BOUTAYEB C. : *Droit matériel de l'Union européenne,* 2009.
BOUTAYEB C. : *Droit et institutions de l'Union européenne,* 2011.
BOUVIER M. : *Introduction au droit fiscal général et à la théorie de l'impôt,* 10e éd., 2010.
BOUVIER M. : *Les finances locales,* 14e éd., 2011.
BRANCHET B. : *La révision de la Constitution sous la Ve République,* 1994.
BRANCHET B. : *La fonction présidentielle sous la Ve République,* 2008.
BREHON N.-J. : *Le budget de l'Europe,* 1997.
BRURON J. : *Droit pénal fiscal,* 1993.
BRURON J. : *Droits et garanties du contribuable vérifié,* 1991.
BRURON J. : *Le contrôle fiscal,* 1991.
BUSSY F. ET POIRMEUR Y. : *La justice politique en mutation,* 2010.
CALAMARTE-DOGUET M.-G. : *Le droit de la recherche,* 2005.

CALVES G. ET HEYMANN-DOAT A. : *Libertés publiques et droits de l'homme*, 9e éd., 2008.
CAMBY J.-P. (COORDONNÉ PAR) : *La réforme du budget de l'État*, 3e éd., 2011.
CASSIA P. : *Les référés administratifs d'urgence*, 2003.
CHABANOL D. : *Le juge administratif*, 1993.
CHAMBON F. ET GASPON O. : *La déontologie administrative*, 1997.
CHAVRIER G. : *Le pouvoir normatif local : enjeux et débats*, 2011.
CHEVALLIER J. : *Institutions politiques*, 1996.
CHIAVERINI PH. ET MARDESSON D. : *Tribunaux administratifs et cours administratives d'appel*, 1996.
COMMUNIER J.-M. : *Le droit communautaire des aides d'État*, 2000.
COTTIN S. : *La gestion de la documentation juridique*, 2011.
DEFFERRARD F. : *Le suspect dans le procès pénal*, 2005.
DELION A. : *Droit des entreprises et participations publiques*, 2003.
DELON-DESMOULIN C. : *Droit budgétaire de l'Union européenne*, 2011.
DELOT D. : *Fiscalité personnelle des dirigeants d'entreprise*, 2003.
DELOT D. : *La responsabilité fiscale des dirigeants d'entreprise*, 2003.
DEMEESTÈRE R. : *Le contrôle de gestion dans le secteur public*, 2e éd., 2005.
DESTAIS N. : *Le système de santé : organisation et régulation*, 2003.
DONNAT F. : *Contentieux communautaire de l'annulation*, 2008.
DOUAY M. : *Le recouvrement de l'impôt*, 2005.
DUGRIP O. ET SAÏDJ L. : *Les établissements publics nationaux*, 1992.
DUPUIS G. : *Le centre et la périphérie en France*, 2000.
DURAND V. ET SALLÉ V. : *Introduction à l'analyse financière de l'entreprise*, 1997.
FIALAIRE J. : *Le droit des services publics locaux*, 1998.
GAUVIN A. : *La nouvelle gestion du risque financier*, 2000.
GHÉRARI H. : *Relations internationales*, 2010.
GILLES W. : *Les principes budgétaires et comptables publics*, 2009.
GOUIRAND P., SPINDLER J. ET DURAND H. : *Économie et politique du tourisme*, 1994.
GOURION P.-A., PEYRARD G. ET SOUBEYRAND N. : *Droit du commerce international*, 4e éd., 2008.
GOURION P.-A. ET RUANO-PHILIPPEAU M. : *Droit de l'Internet dans l'entreprise*, 2003.
DU GRANRUT CL. : *La citoyenneté européenne*, 1997.
DU GRANRUT CL. : *Une Constitution pour l'Europe*, 2004.
GRÉGOIRE L. : *Le dépôt de bilan*, 1997.
GRYNFOGEL C. : *Droit communautaire de la concurrence*, 3e éd., 2008.
GUETTIER CH. : *La responsabilité administrative*, 1996.
GUÉVEL D. : *Droit des successions et des libéralités*, 2e éd., 2010.
GUÉVEL D. : *Droit du commerce et des affaires*, 3e éd., 2007.
GUGLIELMI G.-J. : *Introduction au droit des services publics*, 1994.
HAMON F. : *Le référendum. Étude comparative*, 1995.
HAMON F. : *Droit des fonctions publiques*, vol. 1 : *Organisation et gestion*, 2002, vol. 2 : *Carrières, droit et obligations*, 2002.
HAMON F. ET WIENER C. : *La justice constitutionnelle en France et à l'étranger*, 2011.
HAMONIAUX T. : *L'intérêt général et le juge communautaire*, 2001.
HAQUET A. : *La loi et le règlement*, 2007.
HECKLY C. : *Fiscalité et mondialisation*, 2006.
HEEM V. ET HOTTE D. : *La lutte contre le blanchiment des capitaux*, 2004.
HOURQUEBIE F. : *Le pouvoir juridictionnel en France*, 2010.
ISAÏA H. : *L'évaluation des nouveaux contrats de plan État-Région (2000-2006)*, 1999.
JAN P. : *Le procès constitutionnel*, 2e éd., 2010.
JEULAND E. : *Droit processuel*, 2003.

JOIN-LAMBERT CH. (SOUS LA DIRECTION DE) : *L'État moderne et l'administration,* 1994.
KERNINON J. : *Les cadres juridiques de l'économie mixte,* 2e éd., 1994.
KHAYAT D. : *Le droit du surendettement des particuliers,* 1997.
LABIA P. ET BERNARD-GÉLABERT M.-C. : *Zones d'aménagement du territoire, Mode d'emploi,* 1997.
LABIE F. : *La fiscalité du sport,* 2000.
LACHAUME J.-F. : *L'administration communale,* 2e éd., 1997.
LAMARQUE D. : *L'évaluation des politiques publiques locales,* 2004.
LAPOUBLE J.-C. : *Droit du sport,* 1999.
LAURENT PH. : *Décentralisation : en finir avec les idées reçues,* 2009.
LAURENT PH. ET BOYER B. : *La stratégie financière des collectivités locales,* 2e éd., 1997.
LAVAL N. : *Le juge pénal et l'élu local,* 2002.
LE JEUNE P. : *Introduction au droit des relations internationales,* 1994.
LEMMET J.-F. ET THOMAZO PH. : *Le statut des agents territoriaux, Mode d'emploi,* 2010.
LE POURHIET A.-M. : *Les ordonnances,* 2011.
LEYGUES J.-C. : *Les politiques internes de l'Union européenne,* 1994.
LONDON C. : *Environnement et instruments économiques et fiscaux,* 2001.
LONG M. : *La tarification des services publics locaux,* 2001.
MAGNET J. : *Éléments de comptabilité publique,* 5e éd., 2001.
MAGNET J. : *Les comptables publics,* 2e éd., 1998.
MAGNET J. : *Les gestions de fait,* 2e éd., 2001.
MAILLOT D. ET FONTERS J.-L. : *La fiscalité des professions libérales,* 1992.
MAISL H. : *Le droit des données publiques,* 1996.
MALAURIE-VIGNAL M. : *L'abus de position dominante,* 2003.
MANESSE J. : *L'aménagement du territoire,* 1998.
MARIEL F. ET WEYBERT J. : *Le droit des sociétés par actions et ses implications comptables,* 2004.
MARKUS J.-P. : *Les juridictions ordinales,* 2003.
MARTIN J.-L. ET CABANIS A. : *Histoire constitutionnelle et politique de la France de la Révolution à nos jours,* 2000.
MARTINAT P. : *Les régions, Clefs de la décentralisation,* 2010.
MASSOT J. : *Le chef de l'État, chef des armées,* 2011.
MATT J.-L. : *La Sécurité sociale : organisation et financement,* 2001.
MATTRET J.-B. : *L'analyse financière des communes,* 3e éd., 2009.
MATTRET J.-B. : *La nouvelle comptabilité publique,* 2010.
MELIN F. : *La faillite internationale,* 2004.
MELIN F. : *Droit des obligations,* 2006.
MESTRALLET G., SAMSON J. ET TALY M. : *La réforme de la gouvernance fiscale,* 2005.
MIALON M.-F. : *Les pouvoirs de l'employeur,* 1996.
MIALON M.-F. : *Les relations collectives dans l'entreprise,* 1999.
MOLINIER J. ET DE GROVE-VALDEYRON N. : *Droit du marché intérieur européen,* 3e éd., 2011.
MOLINIER J. ET LOTARSKI J. : *Droit du contentieux de l'Union européenne,* 3e éd., 2010.
MONJAL P.-Y. : *Droit européen des collectivités locales,* 2010.
MORAUD J.-CH. ET PICQUENOT L. : *La nouvelle comptabilité des communes : un guide pour la M14,* 1996.
MORDACQ F. : *La LOLF, un nouveau cadre budgétaire pour réformer l'État,* 2006.
MORDACQ F. : *La réforme de l'État par l'audit,* 2009.

Muller-Quoy I. : *Le droit des assemblées locales,* 2001.
Neframi E. : *L'action extérieure de l'Union européenne*, 2010.
Nicinski S. : *Droit public de la concurrence,* 2005.
Orsoni G. : *L'administration de l'économie,* 1995.
Pastorel J.-P. : *L'expertise dans le contentieux administratif,* 1994.
Pellas J.-R. : *La fiscalité du patrimoine culturel,* 2003.
Pellet R. : *Finances sociales : économie, droit et politique,* 2001.
Pellissier G. : *Le principe d'égalité en droit public,* 1996.
Pertek J. : *Les avocats en Europe,* 2000.
Petit Y. : *Droit international et maintien de la paix,* 2000.
Pez T. : *Le domaine public hertzien*, 2011.
Pinon X. : *Le Conseil de l'Europe, Une organisation au service de l'homme,* 2011.
Poussin Ph. : *Histoire des idées économiques de Platon à Adam Smith,* 1994.
Rampelberg R.-M. : *Repères romains pour le droit européen des contrats,* 2005.
Ransan N. et F. : *Les successions, aspects civils et fiscaux,* 2e éd., 1995.
Rasera M. : *La démocratie locale,* 2002.
Richer D. : *Les droits du contribuable dans le contentieux fiscal,* 1997.
Rolin E. : *Le Conseil d'État, juge de l'extradition,* 1999.
Rousset M. : *L'action internationale des collectivités locales,* 1998.
Routier R. : *La responsabilité du banquier,* 1997.
Sauron J.-L. : *Droit communautaire et décision nationale,* 1998.
Schultz P. : *Éléments du droit des marchés publics,* 2e éd., 2002.
Sortais J.-P. : *Entreprises en difficulté, les mécanismes d'alerte et de conciliation,* 2010.
Sousse M. : *Droit public des contrats de construction,* 1998.
Teitgen-Colly C. (sous la direction de) : *Les perspectives contentieuses des réformes de la justice administrative*, 2011.
Stirn B. : *Les sources constitutionnelles du droit administratif,* 7e éd., 2011.
Terrazzoni A. : *L'administration territoriale en Europe,* 1992.
Türk P. : *Le contrôle parlementaire en France,* 2011.
Vallemont S. (sous la direction de) : *Le débat public : une réforme dans l'État,* 2001.
Ziller J. : *Les Dom-Tom,* 3e éd., 2001.

Photocomposition *CMB* Graphic
44800 Saint-Herblain

IMPRIM'VERT®

Achevé d'imprimer par Corlet, Imprimeur, S.A. - 14110 Condé-sur-Noireau
N° d'Imprimeur : 82561 - Dépôt légal : novembre 2011 - *Imprimé en France*